Die Mischna

Text, Übersetzung und ausführliche Erklärung.

Mit eingehenden geschichtlichen und sprachlichen Einleitungen und textkritischen Anhängen

unter Mitwirkung von

Prof. Dr. **Albrecht**-Oldenburg/Prof. Lic. **Bauer**-Breslau/Prof. Lic. Dr. **Benzinger**-Toronto Oberlehrer Lic. **Fiebig**-Gotha / Pfarrer Lic. Dr. **Frankenberg**-Kassel / Prof. Dr. **Ludw. Köhler**-Zürich / Pfarrer Lic. Dr. **Kramer**-Gerichshain / Prof. D. **Marti**-Bern Prof. D. **Meinhold**-Bonn / Prof. D. Dr. **Nowack**-Straßburg / Prof. D. Dr. **Rothstein**-Münster i. W. / Past. **Windfuhr**-Hamburg

herausgegeben von

Prof. D. Dr. **G. Beer**-Heidelberg und Prof. D. **O. Holtzmann**-Gießen

---

I. Seder. Zeraim. 10. Traktat. ʿOrla.

ʿOrla

(Vorhaut)

Text, Übersetzung und Erklärung

Nebst einem textkritischen Anhang

Von

Dr. Karl Albrecht

Professor in Oldenburg i. Gr.

1916

Verlag von Alfred Töpelmann (vormals J. Ricker) in Gießen

Druck von C. G. Röder G. m. b. H., Leipzig. 828716.

Inhalt.

Vorwort.

In der vorliegenden Ausgabe des Traktates ʿOrla, dem Versuch eines wirklich ausführlichen sachlichen und sprachlichen Kommentars mit beigegebenem, kritisch bearbeitetem Texte, sind vorzugsweise die folgenden, nur in Abkürzungen angeführten Hilfsmittel benutzt:

Albrecht, Neuhebräische Grammatik auf Grund der Mišna, München, Beck, 1913 (Gr.).

Bacher, Die exegetische Terminologie der jüdischen Traditionsliteratur. In zwei Teilen. Leipzig, Hinrichs, 1905.

Krauß, Griechische und lateinische Lehnwörter im Talmud, Midrasch und Targum. Berlin, Calvary, I 1898. II 1899.

Krauß, Talmudische Archäologie. Leipzig, Fock. I 1910. II 1911. III 1912.

Levy, Neuhebräisches und chaldäisches Wörterbuch über die Talmudim und Midraschim. 4 Bde. Leipzig 1876—1889.

Lüpschütz, תפארת ישראל (Kommentar zur Mischna, zuerst 1830ff. gedruckt) (ת״י).

Maimonides, Kommentar zum Traktat ʿOrla.

ʿObadja di Bertinoro, † 1510, Kommentar zur Mischna. Die drei letzten Werke nach den unkritischen, aber ausreichenden Ausgaben, wie sie jüdischen Mischnaausgaben beigedruckt sind.

Rabe, Mischna oder der Text des Talmuds übersetzt und erläutert. Onolzbach, 1760—1763. Sechs Teile.

Rosenthal, Der Mischnahtraktat Orlah, sein Zusammenhang und seine Quellen. Berlin 1913.

Sammter, Mischnaioth. Teil I. Ordnung Seraïm. Berlin, Itzkowski, 1887.

Siphra und Siphre: חמשה חומשי תורה, ויקרא Warschau 1875, במדבר Warschau 1879, דברים Warschau 1880.

Strack, Einleitung in den Talmud[4], Leipzig, Hinrichs, 1908.

Zuckermandel, Tosefta nach den Erfurter und Wiener Handschriften, mit Parallelstellen und Varianten, Pasewalk 1881. Supplemente, Trier 1882

Dank sage ich den beiden Herren Herausgebern Prof. Beer und Prof. Holtzmann für die Unterstützung bei der Korrektur, Herrn Oberrabbiner Dr. Brody-Prag für die freundliche Beantwortung einer Frage.

Oldenburg i/Gr., Mai 1916.

Dr. **Karl Albrecht.**

Einleitung.

I. Bedeutung des Wortes עָרְלָה, Stellung des Traktates in der Mischna.

Das Wort עָרְלָה bedeutet, wie bekannt, gewöhnlich „Vorhaut". Indem man nun Ausdrücke des Geschlechtslebens auf die Erde und ihre Erzeugnisse anwandte, vgl. besonders **Krauß**, Arch. I 19. 300 Anm. 250, verstand man unter עָרְלָה die ersten, ursprünglich dem genius loci, dann der Gottheit bestimmten, als unverletzlich (tabu) angesehenen Früchte eines Obstbaumes. Es hat sich hier also ein uralter Brauch gehalten, während die tierischen Erstgeburten Lev 27 26ff. zu einer tributären Abgabe an Jahwe geworden sind; die tributäre Abgabe ist allerdings daneben fürs vierte Jahr angesetzt: erst dies Jahr ist wohl gewählt, weil die Bäume in den ersten Jahren noch zu wenig tragen, als daß sich ihre Früchte zu einer Weihegabe eigneten. Der Wortlaut der diese Bestimmungen bringenden Stelle Lev 19 ist der folgende: [23]וְכִי־תָבֹאוּ אֶל־הָאָרֶץ וּנְטַעְתֶּם כָּל־עֵץ מַאֲכָל וַעֲרַלְתֶּם עָרְלָתוֹ אֶת־פִּרְיוֹ שָׁלֹשׁ שָׁנִים יִהְיֶה לָכֶם עָרֵל לֹא יֵאָכֵל׃ [24]וּבַשָּׁנָה הָרְבִיעִת יִהְיֶה כָּל־פִּרְיוֹ קֹדֶשׁ הִלּוּלִים לַיהוָה׃ [25]וּבַשָּׁנָה הַחֲמִישִׁת תֹּאכְלוּ אֶת־פִּרְיוֹ לְהוֹסִיף לָכֶם תְּבוּאָתוֹ אֲנִי יְהוָה אֱלֹהֵיכֶם׃ „[23]Und wenn ihr in das verheißene Land kommen und allerlei Fruchtbäume pflanzen werdet, so sollt ihr deren Vorhaut, d. h. ihre ersten Früchte wachsen lassen, drei Jahre sollen sie euch als unbeschnitten gelten, sie dürfen nicht gegessen werden. [24]Im vierten Jahre aber sollen alle ihre Früchte als heilige Weihegabe für Jahwe dienen. [25]Im fünften Jahre aber dürft ihr ihre Früchte essen, indem ihr den Ertrag davon für euch einheimset. Ich bin Jahwe, euer Gott."

Die näheren Ausführungen dieses Gesetzes bringt nun unser Traktat (מַסֶּכֶת eigtl. Gewebe). Er gehört zu den kürzeren im ersten Hauptteile (סֵדֶר eigtl. Ordnung) und steht daher nach dem bekannten Anordnungsgrundsatze mehr nach hinten.[1]) Daneben ist aber in den Hauptteilen, wie schon **Maimonides** es mit bestimmten Ausnahmen für die

[1]) **D. Hoffmann**, MGWJ 1890 S. 323.

ganze Mischna nachweisen wollte, für die einzelnen ungefähr gleich langen Traktate die Ordnung zugrunde gelegt, in der die Tora die Gesetze vorführt. Deswegen steht Bikkurim hinter ʿOrla, weil die Hauptschriftstelle für ʿOrla aus Lev 19 23–25 und die für Bikkurim aus Dtn 26 1–11 zu entnehmen ist; wenn aber ʿOrla hinter Challa steht, während doch ʿOrla im Lev, Challa erst im Num vorkommt, so ist der Grund wohl darin zu finden, daß ʿOrla und Bikkurim in ihren zweiten Abschnitten verwandt sind und man daher die beiden Traktate nebeneinander stellte.[1])

II. Alter und Entstehung des Traktates.

Im Traktat ʿOrla sind außer den חֲכָמִים schlechthin, d. h. den Tannaim oder Lehrern der Mischna in ihrer großen Mehrzahl (II 11. 13 II 1. 2. 6. 7) und den Hilleliten und Schammaiiten (II 4) folgende Autoritäten aufgeführt:

I. Erste Generation (bis etwa 90 n. Chr.):

R. Gamliʾel der Alte (II 12). Dosetaj (II 5). Joʿezer (II 12).

II. Zweite Generation (etwa 90—130 n. Chr.):

a) Ältere Gruppe: R. Eliʿezer (I 7; II 1. 11. 13). R. Jehoschuʿa (I 7).
b) Jüngere Gruppe: R. Elʿazar ben Jehuda (I 4). R. ʿAqibha (III 7).

III. Dritte Generation (etwa 130—160 n. Chr.):

R. Jose (I 1. 6. 7. 9). R. Jehuda (I 2). R. Meʾir (I 5; III 1. 2. 6. 7). R. Schimʿon (II 1. 9. 10. 14. 15. 16). R. Schimʿon II ben Gamliʾel II (I 4).

Unter Berücksichtigung dieser Anführungen und mit Heranziehung anderer mischnischer und midraschischer Stellen hat A. Rosenthal (S. 3. 9ff. 19ff.) bewiesen, daß Abschnitt I und III unseres Traktates im großen und ganzen von Schülern R. ʿAqibhas gestaltet sind. Dagegen ist Abschnitt II ein späterer Einschub und von dem jüngsten der ʿAqibha-Schüler, R. Schimʿon aus Terumot, dessen Ausführungen wieder auf ältere Priesterquellen zurückgehn, zusammengestellt. Ähnlich steht es mit dem II. Abschnitt von Bikkurim. Die letzte Redaktion lag für diesen Traktat wie überhaupt für die ganze Mischna nach einstimmiger, alter und glaubwürdiger Überlieferung in den Händen des R. Jehuda ha-Naſi (135—?193) und wird daher um 170—190 geschehen sein. Die weiteren Ausführungen A. Rosenthals, in denen er

---

[1]) A. Rosenthal S. 4.

jede Mischna unseres Traktates einer bestimmten Quelle zuweist, sind auf ungewisse und unbeweisbare Voraussetzungen aufgebaut. Besondere Besprechung bedürfen Mischna II 13 und III 3: sie sprengen durchaus den Zusammenhang und müssen später eingefügt sein; maßgebend für den Ort der Einschaltung waren, wie so oft, Gedankenassoziation und ein mnemotechnischer Grund (vgl. Chal, Einl. S. 2; Kil, Einl. S. 3f.). In den beiden zusammenhängenden Abschnitten II 11 und 12 heißt es: ר׳ אֱלִיעֶזֶר אֹמֵר אַחַר הָאַחֲרוֹן אֲנִי בָא und dementsprechend 13: ר׳ אֱלִיעֶזֶר אֹמֵר אַחַר הָרִאשׁוֹן אֲנִי בָא. III 3 wiederholt den III 2 vorkommenden Ausdruck יִדָּלֵק הַבֶּגֶד.

Der kurze Tosephta-Traktat ʿOrla setzt die Mischna nicht voraus, sondern kennt nur einige Bestimmungen, die sich mit der Mischna ʿOrla I und III berühren — ein neuer Beweis für Rosenthals Annahme, daß II ein späterer Einschub ist. Die Tosephta darf überhaupt nicht als Ganzes beurteilt werden, sondern jeder Traktat hat seine Besonderheit: einige kommentieren deutlich die Mischna, andere müssen als ihr gleichwertig angesehen werden, noch andere, und so unser Traktat, sind älter als die Mischna. Aus dem ganz ungeordneten Tosephta-Traktat ʿOrla, der sogar durch eine gar nicht hierher gehörige Bestimmung (I 6) unterbrochen wird, ist folgendes hervorzuheben: Mit den Bestimmungen der Mischna decken sich im wesentlichen die Tosephtabestimmungen I 1. 2b. 8. An der letzten Stelle wird eine Überlieferung אין ערלה בחוצה לארץ über vier Lehrer bis auf Eliʿezer zurückgeführt. Nicht mischnische Bestimmungen finden sich I 3 für Gewächse in einem Topfe oder auf dem Dache, I 4 für Bäume, die aus einem Stumpfe oder aus abgehauenen Wurzeln hervorwachsen, und für geheiligte Bäume, I 5 für Farbstoffe, I 7 für Kohlen, Asche und Staub. Schärfer als die Mischna ist die Bestimmung I 7 über einen mit ʿOrla-Schalen geheizten Ofen. Dreimal (I 1. 4. 5) wird betont, daß das ʿOrla-Gesetz gerechnet wird von der Zeit der Pflanzung des betreffenden Baumes an. Dagegen bestimmt der Midrasch Siphra, der sonst unter deutlicher Benutzung der Mischna nur eine Erklärung bietet, die nichts Neues beibringt: שלשים יום לפני ראש השנה הרי הן ככל השנה = „[Wenn die Pflanzung des Baumes erfolgt ist mindestens] dreißig Tage vor Rosch-ha-Schana [d. h. vor dem 1. Tischri], so werden [diese dreißig Tage] für ein ganzes ʿOrla-Jahr gerechnet, [so daß am 1. Tischri schon das zweite ʿOrla-Jahr beginnt].“ Die drei ʿOrla-Jahre werden nämlich nicht von dem Tage an gerechnet, an welchem der Baum gepflanzt wurde (so Tos), sondern vom 1. Tischri, dem „Neujahrstage der Pflanzungen“ nach R hasch I 1 Tos R hasch I 7. Ist also ein Baum nach dem 1. Tischri gepflanzt worden, so ist sein erstes ʿOrla-Jahr am nächsten 1. Tischri um, trotzdem er in Wirklichkeit noch nicht ein Jahr alt ist. Das gilt aber nur, wenn der Baum mindestens dreißig Tage vor diesem Tischri, der das Ende seines ersten und den Beginn seines zweiten ʿOrla-Jahres bilden soll, gepflanzt wurde, so daß die Gewißheit besteht, daß er vor seinem Rosch-ha-Schana Wurzel geschlagen hat; sonst sind die Tage bis zum 1. Tischri verloren — ein Setzling ohne Wurzeln wird nicht als Baum betrachtet — und mit diesem Tage nimmt nicht das zweite, sondern das erste ʿOrla-Jahr seinen Anfang. Die nähere Behandlung dieses Themas findet sich Talm b R hasch fol. 9b—10a, Talm j Schebi II Halakha 4 (Ed. Krotoschin fol. 33d; Ed. Zitomir fol. 4b = S. 8), vgl. auch Tos R hasch I 7. 8.

III. Fremdwörter in ʿOrla.

Lat. תֶּמֶד temetum I 8.

Griech. גַּלְעִין, גַּרְעִין κάρυον I 8.

דּוֹסְתַּי Δocίθεος II 5.

תִּלְתָּן τῆλις III 6.

כֶּלֶס καυλός III 7b.

אֶכְרוֹב κράμβη III 7b.

Text, Übersetzung und Erklärung.

מַסֶּכֶת עָרְלָה.

פֶּרֶק א.

הַנֹּטֵעַ לִסְיָג וְלַקֹּרוֹת פָּטוּר מִן־הָעָרְלָה ‖ רַבִּי יוֹסֵה אֹמֵר ‖ אֲפִלּוּ אָמַר ‖ הַפְּנִימִי לְמַאֲכָל וְהַחִיצוֹן לִסְיָג ‖ הַפְּנִימִי חַיָּב וְהַחִיצוֹן פָּטוּר:

עֵת שֶׁבָּאוּ אֲבוֹתֵינוּ לָאָרֶץ ‖ וּמָצְאוּ נָטוּעַ פָּטוּר ‖ נָטְעוּ ‖ אַף־עַל־פִּי שֶׁלֹּא כִבְּשׁוּ ‖ חַיָּב.

הַנֹּטֵעַ לָרַבִּים חַיָּב ‖ רַבִּי יְהוּדָה פֹּטֵר ‖ הַנֹּטֵעַ בִּרְשׁוּת הָרַבִּים ‖ וְהַנָּכְרִי שֶׁנָּטַע ‖ וְהַגַּזְלָן שֶׁנָּטַע ‖ וְהַנֹּטֵעַ בִּסְפִינָה ‖ וְהָעֹלֶה מֵאֵלָיו ‖ חַיָּב בָּעָרְלָה:

I 1. Das biblische Gebot (Einl. S. 1) ist weggelassen, indem es als allgemein bekannt vorausgesetzt wird, und ohne einleitende Worte werden sogleich die Einzelbestimmungen getroffen. Da im Leviticus nur von Fruchtbäumen und Früchten die Rede ist, sind solche Bäume, die vielleicht zwar Früchte tragen, aber nicht der Früchte wegen gepflanzt sind, von der ʿOrla-Pflicht frei; R. Jose, der hier nach TosʿOrl I 1 ähnlich wie Schimʿon ben Gamliel verfährt, bestimmt ein geteiltes Verfahren bei demselben Baum und derselben Hecke, damit Hinterziehungen verhütet werden und nicht jemand angeben könne, er habe den Fruchtbaum zur Hecke oder zur Holznutzung bestimmt. — סְיָג, ܣܝܓܐ zu bh. סוג Hecke, Gr. § 47. — קורות eig. Balken, hier im allgemeinen Sinne; die Tos I 1 setzt stets לעצים hinzu, unterscheidet also genauer zwischen Bau- und Brennholz. — אֲפִלּוּ Gr. § 19e. — חַיָּב schuldig, verpflichtet, siehe zu Chal I 2a.

I 2a. Er war frei, weil es in der Leviticusstelle heißt: „Wenn ihr kommen und pflanzen werdet“; dagegen wurde aus derselben Schriftstelle geschlossen (wenn ihr „kommen“ werdet), daß es keinen Unterschied mache, ob das Land schon ganz erobert war. Sphe 1 107. 110 und Seder ʿolam rabba 11 bestimmen noch genauer, daß die Challa- und ʿOrla-Gebote sofort nach dem Einzuge zu halten seien, alle andern Pflichten dagegen erst nach einer Übergangszeit von 14 Jahren. Wenn der Talmj z. St. und nach ihm Spha, Maimonides, Bertinoro u. a. hinzufügen, es sei auch gleich gewesen, ob der neue Baum von einem Heiden oder Juden gepflanzt sei, so ist das ein Widerspruch gegen den

I. Bäume und Weinstöcke im Verhältnisse zum 'Orla-Gesetze. Kap. I.

1. Bäume, die dem 'Orla-Gesetze unterworfen sind, nebst einigen Ausnahmen. I 1—2.

I 1 Pflanzt jemand [Bäume] zur Hecke und zur Holznutzung, so ist er frei von der 'Orla-Pflicht. || Rabbi Jose sagt: || Selbst wenn er gesagt hat: || Das Innere soll zur Speise und das Äußere als Hecke dienen, || so ist das Innere verpflichtet und das Äußere frei.

I 2a Fand jemand, als unsere Väter in das [heilige] Land kamen, || einen Baum gepflanzt, so war er frei. || Pflanzte er ihn erst, || so war er verpflichtet, || wenn sie [das Land] auch noch nicht unterjocht hatten.

b Wer [einen Baum zum Genusse] für jedermann pflanzt, ist verpflichtet. || Rabbi Jehuda erklärt ihn für frei. || Wer auf einen freien Platz pflanzt, || der Heide, der gepflanzt hat, || der Räuber, der gepflanzt hat, || der in ein Schiff pflanzt, || und was von selbst aufgeht, || ist zum 'Orla-Gesetze verpflichtet.

Wortlaut unserer Stelle, die als Subjekt doch nur den Israeliten voraussetzt. Da wir hier eine rein geschichtliche Notiz haben, hat die jüdische Auslegung nach Gründen für sie gesucht und gemeint, sie sei angeführt, da der Einzug ins Heilige Land sich wiederholen könne (vgl. Rosenthal S. 10). — עֵת שֶׁ als, Gr. § 27c. — אַף־עַל־פִּי שֶׁ wenn auch, obgleich, Gr. § 26b. — נִטְּעוּ, מְצָאוּ ist in Rücksicht auf das vorhergehende und nachfolgende הַנּוֹטֵעַ vokalisiert, es ließe sich allerdings auch נָטְעוּ, מָצְאוּ rechtfertigen.

I 2b. Ob der, welcher einen Baum zum allgemeinen Nutzen gepflanzt hat, verpflichtet ist, ist bestritten worden; dagegen ist ohne Zweifel derjenige verpflichtet, welcher einen Baum zwar auf einen öffentlichen Platz gepflanzt hat, aber die Früchte selbst ernten will, ebenso der Heide und der Räuber. Die Erwähnung des letztern zeigt, daß es mit der Sicherheit des Gutes in Palästina im ersten und zweiten Jahrhunderte nach Chr. nicht zum besten ausgesehen haben kann; das beweisen auch die zu vergleichenden Ausführungen Kil VII 6a. c. und die Gleichnisse Mat 21 33ff., Marc 12 1ff.

Bertinoro und ת׳ י׳ bemerken nach Talm j, daß das Schiff entweder durchlöchert sein oder aus Ton bestehn muß. Letzteres läßt die Wurzeln durch oder gestattet wenigstens das Aufsaugen von Feuchtigkeit aus dem darunter befindlichen Wasser. Daß man, um jeden Fleck Bodens auszunutzen, auch in ein zeitweilig unbenutztes Schiff Erde brachte und darein pflanzte, ist mehrfach bezeugt, vgl. Tos'Orl 1 3, 44 13 und dazu Krauß, Arch. II S. 162. 544 Anm. 106. Tönerne Schiffe gab

אִילָן שֶׁנֶּעֱקַר וְהַסֶּלַע עִמּוֹ ‖ שְׁטָפוֹ נָהָר וְהַסֶּלַע עִמּוֹ ‖ אִם יָכוֹל לִחְיוֹת
פָּטוּר ‖ וְאִם לַאו חַיָּב.

נֶעֱקַר הַסֶּלַע מִצִּדּוֹ ‖ אוֹ שֶׁזִּעְזַעְתּוּ הַמַּחֲרֵשָׁה ‖ אוֹ שֶׁזִּעְזְעוּ וַעֲשָׂאוֹ כֶּעָפָר ‖
אִם יָכוֹל לִחְיוֹת פָּטוּר ‖ וְאִם לַאו חַיָּב:

אִילָן שֶׁנֶּעֱקַר ‖ וְנִשְׁתַּיֵּר בּוֹ שֹׁרֶשׁ פָּטוּר.

וְכַמָּה יְהֵא בַשֹּׁרֶשׁ ‖ רַבָּן שִׁמְעוֹן בֶּן־גַּמְלִיאֵל אוֹמֵר מִשּׁוּם רַבִּי אֶלְעָזָר
בֶּן־יְהוּדָה אִישׁ בַּרְתּוֹתָא ‖ כְּמֶחֶט שֶׁל־מִתּוּן:

---

es namentlich auf dem Nil, doch auch in Palästina: Krauß, Arch. II S. 340.

Da es vorkommen kann, daß verstreute Samenkörner oder ohne Willen des Besitzers hervorsprießende Schößlinge zu Bäumen werden, wird auch hierüber eine Bestimmung getroffen; natürlich gilt das nur für Örter, die sich im Privatbesitze befinden, nicht für Wälder, Steppen, Einöden usw. (Tos, Maimonides, Bertinoro). — הָרַבִּים die Menge, das Volk, das „Publikum"; רְשׁוּת הָרַבִּים eigentlich Erlaubnis für die Allgemeinheit, dann freier, allgemein zugänglicher Platz, vgl. ʿAb zara I 7, III 8, IV 11; Ab III 15 u. o. — נָכְרִי bh Fremder, mischn. Nichtisraelit, vgl. ʿAb zara IV 4. 8—12, V 3. 4. 7 u. o., f. נָכְרִית ibid. II 1, bh נָכְרִיָּה. — גַּזְלָן Räuber, Gr. § 69 a.

I 3 a. Es handelt sich um die Frage, ob ein Baum, der ausgerissen und an anderer Stelle wieder eingepflanzt wird, nachdem früher schon mit ihm dem ʿOrla-Gesetze Genüge geschehen war, jetzt noch einmal dem Gesetze unterliegt. Sie wird dahin entschieden, daß ein Baum, der ohne weiteres in dem mitherausgerissenen Erdreiche weiterwächst, als derselbe Baum betrachtet wird, also frei ist, daß aber ein Baum, der zum Weiterwachsen neuer Erde bedarf, als ein neugepflanzter angesehen wird, also verpflichtet ist. — סֶלַע bh Fels, mischn. felsiger Boden, z. B. Kil VII 1 a, dann überhaupt Erdboden; jedenfalls ist nicht nur zerstaubter Felsen, der guten Nährboden abgibt, gemeint (Krauß, Arch. II S. 158. 539 Anm. 69). — נֶעֱקַר, חָיוֹת in etwas anderm Sinne als im bh — אִם לַאו Gr. § 15, S. 31. Zur Punktation von לוֹ, לַאו vgl. Laible, Theol. Literaturblatt, 1915, Sp. 100.

2. Ausgerissene Bäume. I 3—5.

I 3a Betreffend einen Baum, der mit dem Erdboden ausgerissen ist, ‖ [oder] den ein Strom mit dem Erdboden weggeschwemmt hat: ‖ wenn er so wieder Leben gewinnen kann, so ist er frei; ‖ wenn aber nicht, so ist er verpflichtet.

b [Betreffend einen Baum,] dessen Erdboden von seiner Seite weggerissen ist, ‖ oder den die Pflugschar erschüttert hat, ‖ oder den man erschüttert und [wieder] in der Erde befestigt hat: ‖ wenn er so wieder Leben gewinnen kann, so ist er frei; ‖ wenn aber nicht, so ist er verpflichtet.

I 4a Ein Baum, der ausgerissen ist, ‖ von dem aber noch eine Wurzel [in der Erde] übriggeblieben ist, ist frei.

b Wie verhält es sich nun mit der Wurzel? ‖ Rabban Schim'on ben Gamliel sagt im Namen R. El'azars ben Jehuda aus Bartota: ‖ [Sie muß so stark] wie eine Spannadel [sein].

I 3b. Im ähnlichen Falle, daß der Baum zwar an seiner Stelle bleibt, aber ihm die Erde weggerissen oder er irgendwie aus seiner Lage gebracht ist, wird in derselben Weise wie eben entschieden. — Das Pilpel von זוע in etwas anderer als bibl. Bedeutung, Gr. § 103a; Krauß, Arch. II S. 158 „herausheben", doch ist hier nur „erschüttern" gemeint. — עֲשָׂאוֹ כֶעָפָר eigentlich: man hat ihn gemacht nach Art der Erde, d. h. man hat ihn der Erde angeglichen, ihn in der Erde festgemacht.

I 4a. b. Die Bestimmung an und für sich ist nach dem Vorhergehenden klar, es konnte nur ein Zweifel entstehn, ob es nicht auf die Dicke der Wurzel ankomme. Die Entscheidung darüber hat Rabban Schim'on getroffen. Gemeint ist wegen des der jüngern Gruppe der zweiten Generation angehörenden El'azar ben Jehuda aus der nicht bekannten Stadt Bartota Rabban Schim'on II ben Gamliel II, Vater des Jehuda ha-Naſi. Den Titel Rabban haben alle Häupter aus Hillels Hause von Gamliel I bis Gamliel III (Strack, Einl.[4] S. 85 Anm. u. S. 94 ungenau). — נִשְׁתַּיֵּר Nitp von שָׁאַר übrigbleiben, Gr. § 100g. 109b. — כַּמָּה wie, Gr. § 15 — יְהֵא Gr. § 122 — מִשּׁוּם im Namen, als sein Schüler; die aram. Form שׁוּם wird in der Mischna benutzt zur künstlichen Unterscheidung von שֵׁם = Gott, Gr. § 6. — מַחַט f. Nadel, so vokalisiert von der Wurzel חטט, Plural מְחָטִים nach Krauß, Arch. I S. 582 Anm. 386, מִתּוֹן nicht = μίτος Faden (Krauß, Lehnw. II S. 338), sondern von der Wurzel מתן spannen, die gewöhnliche Form qiṭṭūl, Gr. § 57: Spannung, also מַחַט שֶׁל מִתּוֹן Nadel zum Aufspannen des Gewebes, vgl. Maimonides, Bertinoro. Zur Lesart vgl. den textkritischen Anhang.

אִילָן שֶׁנֶּעֱקַר וּבוֹ בְרֵכָה ‖ וְהוּא חַיָּה מִמֶּנָּה ‖ חָזַר הַזָּקֵן לִהְיוֹת כַּבְּרֵכָה ‖
הִבְרִיכָהּ שָׁנָה אַחַר שָׁנָה וְנִפְסְקָה ‖ מֹנֶה מִשָּׁעָה שֶׁנִּפְסְקָה.

סִפּוּק גְּפָנִים סִפּוּק עַל־סִפּוּק ‖ אַף־עַל־פִּי שֶׁהִבְרִיכָהּ בָּאָרֶץ ‖ מֻתָּר ‖
רַבִּי מֵאִיר אוֹמֵר ‖ מְקוֹם שֶׁכֹּחָהּ יָפֶה מֻתָּר ‖ מְקוֹם שֶׁכֹּחָהּ רַע אָסוּר.

בְּרֵכָה שֶׁנִּפְסְקָה ‖ וְהִיא מְלֵאָה פֵּירוֹת ‖ אִם הוֹסִיף בְּמָאתַיִם ‖ אָסוּר:

נְטִיעָה שֶׁל־עָרְלָה וְשֶׁל־כִּלְאֵי הַכֶּרֶם ‖ שֶׁנִּתְעָרְבוּ בִנְטִיעוֹת ‖ הֲרֵי זֶה
לֹא יִלְקֹט.

I 5a. Da der alte Baum völlig ausgerissen ist und nur von dem neuen Ableger genährt wird, wird er, auch nachdem er wieder im Erdboden befestigt ist, wie der Ableger behandelt, d. h. von neuem dem ʿOrla-Gesetz unterworfen. Ableger gelten als selbständige Bäume und dem ʿOrla-Gesetz unterworfen, sobald sie von dem Stammbaume durch Schnitt oder Losreißung getrennt sind. — בְּרֵכָה eigentlich das Gebogene, dann Ableger, dazu gehörig הִבְרִיךְ beugen, Ableger machen, vgl. Kil VII 1f. — וְהוּא absolut vorangestellt: „was ihn anbetrifft". — חָזַר ringsherumgehn, zurückkehren. — פָּסַק trennen, vgl. Prov 13 3 פּשׂק. — מִשָּׁעָה שֶׁ Gr. § 27a.

I 5b. Zum Verständnisse des Folgenden muß zunächst der Begriff von סִפּוּק klargestellt werden. Nach Gr. § 57 ist die Form qiṭṭūl ein Piʿel-Infinitiv, der bisweilen konkrete Bedeutung angenommen hat; letztere finden wir Kil VI 9b, wo סִפּוּק den die Ranke haltenden Strick bezeichnet. Da diese Bedeutung hier keinen Sinn ergibt, muß סִפּוּק infinitivisch gefaßt werden: das Binden, das Weiterrankenlassen; es ist also, wie auch das folgende lehrt, eine Unterart von הִבְרִיךְ, das Ablegersetzen von Weinstöcken, indem man eine Rebe in die Erde biegt. Da die Ableger mit dem ersten Stocke in Verbindung bleiben, auch wenn sie schon frisch gewurzelt haben, sind sie frei von der ʿOrla-Pflicht. R. Meir will nur die Rebe als frei ansehen, die ganz offenbar noch die Nahrung von dem ersten Stocke bezieht, die andern, also wohl die vom Stocke weiter entfernten oder die schon fest wurzelnden, hält er für pflichtig. Seine An-

I 5a Wenn an einem Baume, der ausgerissen ist, ein Ableger ist ‖ und ersterer erhält Leben von letzterem, ‖ so wird der alte [Baum] wieder wie der Ableger angesehen. ‖ Macht man [von einem Baum] ein Jahr nach dem andern Ableger und [der erste Ableger] wird abgetrennt, ‖ so zählt man von der Zeit an, wann er abgetrennt ist.

b Das Weiterrankenlassen von Reben, das Weiterrankenlassen nach Weiterrankenlassen, ‖ selbst wenn man sie[, die Rebe,] in die Erde biegt, ‖ ist erlaubt. ‖ R. Me'ir sagt: ‖ Da, wo ihre[, der Rebe,] Kraft noch wirksam ist, ist es erlaubt; ‖ da, wo ihre Kraft nicht mehr wirksam ist, ist es verboten.

c Wenn ein Ableger, der abgetrennt ‖ und voll von Früchten ist, ‖ um $^1/_{200}$ zugenommen hat, ‖ so ist es verboten.

3. Vermischung von ʿOrla mit andern Gewächsen. I 6.

I 6a Sind eine ʿOrla-Pflanzung oder eine Kil'ajim-Pflanzung im Weinberge ‖ mit [andern] Pflanzungen vermengt, ‖ so darf man dies nicht sammeln.

---

sicht ist nicht durchgedrungen, da die Kennzeichen schwer festzustellen sind. — עַל führt wie auch bh das ein, was zu einem andern hinzu, eigentlich auf ein anderes darauf kommt, vgl. Gesenius-Buhl s. v. — אַף־עַל־פִּי שֶׁ Gr. § 26b. — Die Suffixe in הַבְּרֵיכָה, כֹּחָהּ beziehen sich auf ein aus גְּפָנִים zu erschließendes גֶּפֶן. כֹּחַ bedeutet hier nicht etwa (Krauß, Arch. II S. 159. 540 Anm. 76) Ertragfähigkeit des Bodens.

I 5c. Der Ableger wird als neuer Baum angesehen, unterliegt also dem ʿOrla-Gesetze. Wie schon Kil V 6 auseinandergesetzt, will der Ausdruck „um $^1/_{200}$" (Gr. § 92b) doch wohl nur sagen: wenn er auch nur ganz wenig zugenommen hat. Die Überlieferung (Talm j, Maimonides, Bertinoro usw.) faßt ihn wörtlich und gibt Methoden an, nach denen man angeblich die Zunahme um $^1/_{200}$ feststellen könne. — פֵּירוֹת Plur. zu פְּרִי vgl. Gr. § 84 f.

I 6a. Sind Pflanzen, die der ʿOrla-Pflicht unterliegen, oder wie bei dieser Gelegenheit hinzugesetzt wird, verbotene Mischgattungen mit andern vermengt worden, so daß eine Scheidung nicht mehr möglich ist, so ist das ganze ʿorlapflichtig, bzw. wird als Kil'ajim angesehen. Eine Bezugnahme auf Kil VII 8a (wie sie z. B. Bertinoro u. a. annehmen) ist nicht angedeutet. — נְטִיעָה Pflanzung, Gr. § 45b. — Zum Ausdrucke des Genitivs durch שֶׁל vgl. Gr. § 87a. — כִּלְאַיִם vgl. meine Bearbeitung des Traktats S. 1ff. — נִתְעָרְבוּ im Sinne des bh Hitpaʿel, Gr. § 100e. — זֶה neutrisch. — Über den Ausdruck der Bedingung vgl. Gr. § 19a.

וְאִם לָקַט ׀׀ יַעֲלֶה בְאֶחָד וּמָאתַיִם ׀׀ וּבִלְבַד שֶׁלֹּא יִתְכַּוֵּן לְלַקֵּט.

רַבִּי יוֹסֵי אוֹמֵר ׀׀ אַף יִתְכַּוֵּן לְלַקֵּט ׀׀ וְיַעֲלֶה בְאֶחָד וּמָאתָיִם:

הֶעָלִים וְהַלּוּלָבִין וּמֵי הַגְּפָנִים וְהַסְּמָדַר מֻתָּרִין בָּעָרְלָה וּבָרְבָעִי וּבַנָּזִיר ׀׀ וַאֲסוּרִין בָּאֲשֵׁרָה.

רַבִּי יוֹסֵה אוֹמֵר ׀׀ הַסְּמָדַר אָסוּר ׀׀ מִפְּנֵי שֶׁהוּא פְרִי ׀׀ רַבִּי אֱלִיעֶזֶר אוֹמֵר ׀׀ הַמַּעֲמִיד בִּשְׂרַף הָעָרְלָה אָסוּר ׀׀ אָמַר רַבִּי יְהוֹשֻׁעַ ׀׀ שָׁמַעְתִּי בְפֵרוּשׁ ׀׀ שֶׁהַמַּעֲמִיד בִּשְׂרַף הֶעָלִים ׀׀ בִּשְׂרַף הָעִקָּרִים מֻתָּר ׀׀ בִּשְׂרַף הַפַּגִּים אָסוּר ׀׀ מִפְּנֵי שֶׁהֵן פֶּרִי:

I 6bc. Ist die Sammlung der Früchte aber versehentlich und unabsichtlich geschehen (nach R. Jose in jedem Falle), so darf man sie genießen, wenn von den andern nicht dem ʿOrla- oder Kil'ajim-Gesetze unterliegenden Pflanzen zweihundertmal mehr da sind. עָלָה mit בְּ ist ein in der talmudischen Literatur sehr oft vorkommender terminus technicus, er hat denselben Sinn wie der Ausdruck בָּטֵל, d. h. er geht auf in, hört auf tatsächlich zu existieren bei dem Verhältnis von ... zu ... Auch im Hifʿil wird das Wort gebraucht „aufgehn lassen, aufheben", z. B. II 2, Ter IV 8. — בִּלְבַד שֶׁ unter der Bedingung, daß, Gr. § 25b — יִתְכַּוֵּן er beabsichtigt, die Form ist nicht biblisch.

I 7a. Eine Reihe von Teilen des Weinstocks wird aufgezählt, die man benutzen darf, selbst wenn der Stock noch dem ʿOrla-Gesetze unterworfen ist, da sie nicht als Früchte angesehen werden. Auch im vierten Jahre, in dem nach Maas II V 2ff. die Frucht des Weinstocks nach Jerusalem gebracht und dort genossen oder durch Geld ausgelöst werden mußte, darf man diese Teile außerhalb Jerusalems genießen; ebenso sind sie dem Naziräer erlaubt, obgleich ihm nach Num 6 1–4, Naz VI jeder Weingenuß untersagt ist. Dagegen sind alle Dinge bei der Aschera nach Ab zara III 7ff. verboten. — עָלִים Pl. zum bh עָלֶה. — לוּלָב zu dem aus לֵבָב, לֵב denominierten לִבְלֵב (Gr. § 4f), gewöhnlich Palmzweig und dann der ganze Feststrauß beim Laubhüttenfeste, vgl. Schärf, Nathanael XVII

I6b Wenn man es aber gesammelt hat, || so geht es auf in 201, || doch nur unter der Bedingung, daß man nicht beabsichtigt hat zu sammeln.

c R. Jose sagt: || Auch wenn er beabsichtigt hat zu sammeln, || so geht es auf in 201.

4. Erlaubte und verbotene Nutznießung von einem unter dem 'Orla-Gesetze stehenden Gewächse. I7—9.

I7a Die Blätter, die Triebe, das Rebenwasser und der Herling sind erlaubt in der 'Orla-Zeit, im vierten Jahre und beim Naziräer, || dagegen verboten bei der Aschera.

b R. Jose sagt: || Der Herling ist verboten, || weil er eine Frucht ist. || R. Eli'ezer sagt: || Wenn jemand [Milch zur Käsebereitung] anstellt mit dem Saft 'orla-pflichtiger Bäume, so ist dies verboten. || R. Jehošu'a hat erzählt: || Ich habe ausdrücklich gehört, || wenn man anstellt mit dem Saft der Blätter, || mit dem Saft der Wurzeln, so ist es erlaubt, || mit dem Saft unreifer Feigen, so ist es verboten, || weil sie Frucht sind.

S. 175ff., hier in der ursprünglichen Bedeutung: Sproß, Trieb. — סְמָדַר nach J. Derenbourg, ZAW V S. 301f., VI S. 98ff. der Herling oder der Beerenbüschel, der gleich nach dem Ende der Blüte an der Rebe sich zeigt. Dieser Herling ist anfangs klein und hart, dann dringt die Feuchtigkeit hinein, und er wird zum בֹּסֶר, dem reifenden, aber noch sauern Herling (Giṭ III 8), der zuweilen ausgepreßt und mit Wasser gemischt eine Art Essig gibt, das ebenfalls hier angeführte מֵי הַגְּפָנִים, vgl. Bertinoro z. St. — אֲשֵׁרָה ist ein Baum, der irgendwie zum Götzendienste gebraucht wird, vgl. Ab zara III 7.

I7b. Es folgen abweichende Ansichten einiger Gesetzeslehrer: R. Jose verbietet den Herling, R. Jehošu'a den aus unreifen Feigen gewonnenen Saft, da beides schon als Frucht anzusehen sei. Letzterer will Blätter- und Wurzelsaft erlauben, da sie keine Frucht sind, R. Eli'ezer verwirft aber jede Nutznießung des Saftes 'orlapflichtiger Bäume. Der Käse wird bereitet, indem in die flüssige Milch ein Tropfen Lab gegeben wird, wodurch die Milch gerinnt und sich zu Käse verdichtet. Als Lab verwendet man auch den Saft (שְׂרָף, סְרָף, siehe den textkritischen Anhang und Gr. § 4e, § 47) der Blätter, der Wurzeln, der heranreifenden Früchte von Bäumen, Krauß, Arch. II S. 135. — בְּפֵרוּשׁ ausdrücklich, vgl. Bacher, Term. I S. 157, II S. 168f. — עִקָּר bibl.-aram. und nh. Wurzel.

עֲנְקוּקָלוֹת וְהַחַרְצַנִּים וְהַזַּגִּים וְהַתֶּמֶד שֶׁלָּהֶם ‖ קְלִיפֵּי רִמּוֹן וְהַנֵּץ שֶׁלּוֹ ‖
קְלִיפֵּי אֱגוֹזִים וְהַגַּלְעִינִים אֲסוּרִים בָּעָרְלָה וּבָאֲשֵׁרָה וּבַנָּזִיר ‖ וּמֻתָּרִין
בָּרְבָעִי ‖ וְהַנּוֹבְלוֹת כֻּלָּם אֲסוּרוֹת:

רַבִּי יוֹסֵה אוֹמֵר ‖ נוֹטְעִים יִחוּר שֶׁל־עָרְלָה ‖ וְאֵין נוֹטְעִים אֱגוֹז שֶׁל־
עָרְלָה ‖ מִפְּנֵי שֶׁהוּא פְרִי ‖ וְאֵין מַרְכִּיבִין בְּכַפְּנִיּוֹת שֶׁל־עָרְלָה:

הַתְּרוּמָה וּתְרוּמַת מַעֲשֵׂר שֶׁל־דְּמַי הַחַלָּה וְהַבִּכּוּרִים עוֹלִים בְּאֶחָד וּמֵאָה ‖

I 8. Im Gegensatze zu Mischna I 7 a, die man vergleiche, werden nun die Teile von Fruchtbäumen aufgezählt, die man als Früchte anzusehen hat und nicht benutzen, wohl aber im vierten Jahre in Jerusalem essen darf. Abgefallene Früchte gelten als wirkliche Früchte und sind in jedem Falle, d. h. in der ʿOrla-Zeit, bei der Aschera, beim Naziräer und im vierten Jahre außerhalb Jerusalems verboten. — עֲנְקוּקָלוֹת, ein Wort von ungewisser Herkunft, bedeutet irgendeinen Teil des Weinstocks, wohl nicht mit Kohut, ʿArukh completum nach R. Achaj Gaon die zarten Ranken des Weinstockes, sondern eher, da von Früchten die Rede ist, mit Talm j ʿOrl I g. E. 61 c, dem sich Maimonides, Bertinoro, Rabe, Sammter, Rosenthal anschließen, unreife Trauben. Allerdings beruht die Erklärung des Talm j auf einem נוטריקון νοταρικόν (Strack, Einl.[4] S. 130): ענבים דלקו תלת „Trauben, die [vom Winde] geschlagen worden sind, im ersten Drittel [der Reife]". — זַגִּים nicht bibl. Plural. — תֶּמֶד Trester, Umbildung von temetum, vgl. Krauß, Lehnwörter II S. 590; Nestle, ZAW XXIII S. 345. — שֶׁלָּהֶם, שֶׁלּוֹ = sein, ihr, Gr. § 32b — קְלִיפָּה eig. (Gr. § 45b. § 85b) das Abschälen, dann das Abgeschälte, die Schale, vgl. Ohal VI 6, Einheitswort, wie der hier und sonst, z. B. Schab VII 4. IX 5. XXI 3 vorkommende m. Plural beweist. — נֵץ, bh נִצָּה nur vom Weinstock, hier vom Granatapfel, Blüte oder nach Derenbourg a. a. O. Rest der Blüte an der Frucht. — אֱגוֹזִים nicht bibl. Plural. — גַּלְעִין, גַּרְעִין vgl. den textkritischen Anhang und Gr. § 5: Kern, gr. κάρυον.

I 8 Unreife Trauben, die Kerne, die Hülsen und ihre Trester, ‖ die Schalen des Granatapfels und seine Blüte, ‖ Schalen von Nüssen und die sonstigen Fruchtkerne sind verboten in der ʿOrla-Zeit, bei der Aschera und beim Naziräer, ‖ und erlaubt im vierten Jahre. ‖ Aber die abfallenden Früchte sind in jedem Falle verboten.

I 9 R. Jose sagt: ‖ Man darf einen Zweig von einem ʿorla-pflichtigen Baume einpflanzen, ‖ aber nicht die Nuß von einem ʿorla-pflichtigen Baume, ‖ weil sie eine Frucht ist. ‖ Und nicht läßt man wurzeln [einen Zweig] mit Datteltrauben von einem ʿorla-pflichtigen Baume.

II. Vermischung von ʿOrla-Früchten mit andern; sonstige verbotene Vermischungen. Kap. II.

1. Die Aufhebung der ʿOrla-Pflicht bei Vermischung mit andern Früchten. II 1—3.

II 1 a Die Hebe, die Zehnthebe vom Zweifelhaften, die Teighebe und die Erstlinge gehn auf in 101 ‖ und werden miteinander zusammenge-

---

I 9. Die Bestimmungen sind nach dem in der vorigen Mischna Erörterten klar. — יְחוּר Zweig, Sprößling, Reis, Gr. § 65. — Über den Ausdruck des Genitivs durch שֶׁל siehe Gr. § 87a. — מִפְּנֵי שֶׁ weil, Gr. § 24c. — מַרְכִּיבִין bezeichnet eine besondere Art des Pfropfens, vgl. die Bemerkung zu Kil I 7a. — כְּפוּנִיּוֹת, nh. Plural zu כְּפוּר Datteltraube (Krauß, Arch. II S. 209). Zu der durch Analogie angetretenen Pluralendung vgl. Gr. § 84i.

II 1a. Einleitend wird zuerst über Dinge gesprochen, die zu ʿOrla (und Kil'ajim) einen Gegensatz bilden; über Hebe vgl. Num 18 8ff. und Ter, über Teighebe Num 15 18ff. und meine Ausgabe des Traktats Chal S. 3ff., über Erstlinge besonders Dtn 26 1ff. und Bik, über die Zehnthebe, das von dem Levitenzehnten für die Priester auszusondernde Zehntel (תְּרוּמַת מַעֲשֵׂר, genauer תְּרוּמַת מַעֲשֵׂר שֶׁל־וַדַּי) Num 18 25ff. Alle diese Dinge sind von der Heiligen Schrift geboten, und darum ist es begreiflich, daß sie erst in 101 aufgehn (vgl. zum Ausdruck I 6b. c). Bei der von den Leviten geleisteten Zehnthebe wird hinzugesetzt vom „Zweifelhaften". Nämlich die Absonderung des Zehnts von den Früchten des עַם הָאָרֶץ (= der Gesetzesunkundigen) erfolgt auf Grund einer Anordnung der Weisen, weil es zweifelhaft ist, ob von diesen Früchten die Priesterabgaben, zu denen die Tora verpflichtet, auch tatsächlich abgesondert sind. Man hätte nun erwartet, daß bei תְּרוּמַת מַעֲשֵׂר שֶׁל־דְּמַאי die Erschwe-

וּמִצְטָרְפִין זֶה עִם־זֶה ‖ וְצָרִיךְ לְהָרִים ‖ הָעָרְלָה וְכִלְאֵי הַכֶּרֶם עוֹלִים בְּאֶחָד וּמָאתַיִם ‖ וּמִצְטָרְפִין זֶה עִם־זֶה ‖ וְאֵינוֹ צָרִיךְ לְהָרִים.

רַבִּי שִׁמְעוֹן אוֹמֵר ‖ אֵינָן מִצְטָרְפִין ‖ רַבִּי אֱלִיעֶזֶר אוֹמֵר ‖ מִצְטָרְפִין בְּנוֹתֵן טַעַם ‖ אֲבָל לֹא לֶאֱסוֹר:

הַתְּרוּמָה מַעֲלָה אֶת־הָעָרְלָה וְהָעָרְלָה אֶת־הַתְּרוּמָה ‖ כֵּיצַד ‖ סְאָה תְרוּמָה שֶׁנָּפְלָה לְמֵאָה ‖ וְאַחַר כָּךְ נָפְלוּ שְׁלשֶׁת קַבִּים עָרְלָה ‖ אוֹ שְׁלשֶׁת קַבִּים שֶׁל־כִּלְאֵי הַכֶּרֶם ‖ זוֹ הִיא שֶׁהַתְּרוּמָה מַעֲלָה אֶת־הָעָרְלָה ‖ וְהָעָרְלָה אֶת־הַתְּרוּמָה:

---

rung, daß sie erst in einer Mischung von 101 aufgehe, nicht in Anwendung kommt. Im Gegensatze hierzu lehrt aber die Mischna doch, daß auch תְּרוּמַת מַעֲשֵׂר שֶׁל־דְּמַי erst in 101 aufgehe, und zwar deshalb, weil — wie im Talm j zur Stelle ausgeführt wird — diese Mischna die Ansicht des R. Meir vertritt, der מַחְמִיר דִּבְרֵיהֶן כְּדִבְרֵי תוֹרָה, d. h. in bezug auf die Erschwerungen die Anordnungen der Weisen genau so behandelt wie die der Tora selbst. Von תְּרוּמָה שֶׁל־דְּמַי wird aber nicht gesprochen, weil die תְּרוּמָה als etwas sehr Heiliges, auf deren Genuß die Strafe des Todes durch den Himmel erfolgt, sicher auch von dem עַם הָאָרֶץ abgesondert wird. Da alles Genannte Hebe heißt (vgl. für die Teighebe Num 15 18ff., für die Erstlinge Dtn 12 6 und Bik II 1), können sie zusammengerechnet werden; d. h. wenn beispielshalber 1/4 Sea Hebe, 1/4 Sea Zehnthebe, 1/4 Sea Teighebe, 1/4 Sea Erstlinge oder 1/2 Sea Hebe und 1/2 Sea Teighebe usw. unter Profanes gefallen sind, so werden sie als ein einziges Sea angesehen. Das Hineingefallene muß herausgenommen werden, da es dem Priester gehört und ihm gegeben werden muß (Maimonides). ʿOrla und Kil'ajim, die ebenfalls zusammengerechnet werden dürfen (vgl. oben), gehn dagegen erst in 201 auf (vgl. schon I 6b. c), weil es nach Talm j und Maim. z. St. nicht nur verboten ist, sie zu essen, sondern auch sie sonst zu benutzen. Es trifft sie also ein doppeltes Verbot, und demgemäß ist das Maß verdoppelt. Herausgenommen werden sie nicht, weil keine Schädigung fremden Rechtes stattfindet, sie nicht wie die vorhergenannten Dinge dem Priester gehören. — שֶׁל vgl. I 9. — דְּמַי in den Handschriften und Drucken, vgl. den textkr. Anh. דמאי ,דמיי (Gr. § 52) Zweifelhaftes. Nach Strack, Einl.[4] S. 30 Anm. ist das Wort abzuleiten von דָּמָה gleichen, ähnlich sein, weil gleiche Möglichkeit der Bejahung rechnet, || und man muß [sie] herausnehmen. || Die ʻOrla und die Mischgattungen des Weinbergs gehn auf in 201 || und werden miteinander zusammengerechnet, || und man muß [sie] nicht herausnehmen.

II 1b R. Schimʻon sagt: || sie werden nicht zusammengerechnet. || R. Eliʻezer sagt: || sie werden zusammengerechnet, wenn sie Geschmack mitteilen, || aber nicht, um [das Ganze] zu verbieten.

II 2 Die Hebe hebt die ʻOrla auf und die ʻOrla die Hebe. || Wie? || Wenn eine Sea Hebe in 100 [Chullin] gefallen ist || und danach drei Qab ʻOrla hineingefallen sind || oder drei Qab Kil'ajim des Weinbergs, || so tritt hier der Fall ein, wo die Hebe die ʻOrla aufhebt || und die ʻOrla die Hebe.

---

wie der Verneinung ist. D. Hoffmann, Mag. 1893, 145 ist geneigt anzunehmen, דְּמַי sei nichts anderes als דמעי „etwas, das noch דֶּמַע = תְּרוּמָה enthält“. — צָרַף vereinigen, verbinden; Nitqaṭṭel verbunden, zusammengerechnet werden — צָרִיךְ bedürfend, nötig habend — אֵינוֹ Gr. § 29b.

II 1b. R. Schimʻon will ʻOrla und Kil'ajim nicht zusammengerechnet wissen, offenbar, weil sie nicht wie die zuerst genannten Dinge eine gemeinschaftliche Benennung haben. Dagegen meint R. Eliʻezer, sie müßten nur dann zusammengerechnet werden, wenn sie den Sachen, unter die sie gefallen sind, Geschmack mitteilten; das wird der Fall bei Flüssigkeiten sein. Bei trockenen Gegenständen, die durch die Zusammenrechnung unerlaubt würden, will auch er nicht zusammenrechnen. — בְּנוֹתֵן Gr. § 107n. — אֲבָל aber, Gr. § 18a. — אָסַר mischn. verbieten.

II 2. Teruma und ʻOrla haben nach II 1 nichts miteinander zu tun. Fällt also eine Sea Hebe in Chullin (חֻלִּין = zu gewöhnlichem Gebrauche bereitet, Sing. bh), so daß es im ganzen 100 Sea ausmacht, und kommt nun noch eine Kleinigkeit, etwa 3 Qab ʻOrla oder Kil'ajim hinzu, so tritt das Verhältnis von 200 : 1 ein (100 Sea = 600 Qab : ½ Sea = 3 Qab), und da Hebe und Chullin zusammengerechnet sind, kann ʻOrla jetzt ruhig herausgenommen werden. Ebenso umgekehrt, wenn in Chullin ½ Sea ʻOrla fällt, so daß es im ganzen 100 Sea ausmacht, und es kommt nun eine Sea Hebe hinzu, so tritt das Verhältnis von 100 : 1 ein, und da ʻOrla und Chullin zusammengerechnet sind, kann Hebe jetzt ruhig herausgenommen werden. Über die Maße vgl. Krauß, Arch. II S. 392ff. — מַעֲלָה vgl. I 6b.c. — כֵּיצַד wie? Gr. § 15 S. 30f. — אַחַר כָּךְ Gr. § 14 S. 28. — שֶׁל Gr. § 87e.

הָעָרְלָה מַעֲלָה אֶת־הַכִּלְאַיִם ‖ וְהַכִּלְאַיִם אֶת־הָעָרְלָה ‖ וְהָעָרְלָה אֶת־הָעָרְלָה ‖ כֵּיצַד ‖ סְאָה עָרְלָה שֶׁנָּפְלָה לְמָאתַיִם ‖ וְאַחַר כָּךְ נָפְלָה סְאָה וְעוֹד עָרְלָה ‖ אוֹ סְאָה וְעוֹד שֶׁל־כִּלְאֵי הַכֶּרֶם ‖ זוֹ הִיא שֶׁהָעָרְלָה מַעֲלָה אֶת־הַכִּלְאַיִם ‖ וְהַכִּלְאַיִם אֶת־הָעָרְלָה ‖ וְהָעָרְלָה אֶת־הָעָרְלָה:

כָּל־הַמְחַמֵּץ וְהַמְתַבֵּל וְהַמְדַמֵּעַ בִּתְרוּמָה וּבָעָרְלָה וּבְכִלְאֵי הַכֶּרֶם ‖ אָסוּר.

בֵּית שַׁמַּי אוֹמֵר ‖ אַף מְטַמֵּא ‖ וּבֵית הִלֵּל אוֹמֵר ‖ לְעוֹלָם אֵינוֹ מְטַמֵּא ‖ עַד שֶׁיְּהֵא בוֹ כְבֵיצָה:

דּוֹסְתַּי אִישׁ כְּפַר יִתְמָה הָיָה מִתַּלְמִידֵי בֵית שַׁמַּי וְאָמַר ‖ שָׁאַלְתִּי אֶת־שַׁמַּי הַזָּקֵן וְאָמַר ‖ לְעוֹלָם אֵינוֹ מְטַמֵּא ‖ עַד שֶׁיְּהֵא בוֹ כְבֵיצָה:

II 3. Fällt eine Seaʿ Orla in Chullin, so daß es im ganzen 200 Sea ausmacht, so ist es nach II 1a alles verboten. Fällt nun aber noch eine Sea und etwas mehr (nach Talm j z. St. 1 1/200 Sea) Kil'ajim hinzu, so sollen ʿOrla und Chullin zusammengerechnet werden, das Verhältnis ist dann 1:200, und es bleibt nun die erste Mischung (Chullin und ʿOrla) erlaubt. Ebenso ist es umgekehrt, wenn erst eine Sea Kil'ajim und dann 1 1/200 Sea Orla hineinfallen, ja sogar wenn erst eine Sea ʿOrla und dann noch einmal 1 1/200 Sea ʿOrla hineinfallen. Letztere Bestimmung ist allerdings sehr auffällig, und Bertinoro z. St. will daher unter der einen ʿOrla die Früchte des vierten Jahres (vgl. S. 1) verstehn, die ʿOrla genannt würden, weil sie aus ʿOrla entstanden seien. Unmöglich könne ein Teil eines verbotenen Gegenstandes einen andern Teil desselben verbotenen Gegenstandes aufheben. Unsere Mischna bietet für diese Auffassung allerdings keinen Anhalt.

II 4a. Da der Sammler der Mischna sich doch offenbar nicht in einen Gegensatz zu II 1ff. hat setzen wollen, muß angenommen werden, daß hier die Rede ist von besonders scharf schmeckenden Gegenständen, Früchten und Gewürzen, die der Teruma, ʿOrla oder Kil'ajim angehören. Mit ihnen gemischte Speisen dürfen nicht gegessen werden, wenn auch Chullin hundertmal mehr als Teruma oder zweihundertmal mehr als ʿOrla und Kil'ajim da ist (vgl. II 1a), sie sind sogar nach Talm j z. St. אֲפִלּוּ בְּאֶלֶף לֹא בָטֵל in 1000 nicht aufhebbar. Die Wortstellung ist mit Maimoni-

II 3 Die ʿOrla hebt Kil'ajim auf || und Kil'ajim die ʿOrla || und die ʿOrla die ʿOrla. || Wie? || Wenn eine Sea ʿOrla in 200 [Chullin] gefallen ist || und danach eine Sea und etwas mehr ʿOrla hineingefallen sind || oder eine Sea und etwas mehr Kil'ajim des Weinbergs, || so tritt hier der Fall ein, wo die ʿOrla Kil'ajim aufhebt || und Kil'ajim die ʿOrla || und ʿOrla die ʿOrla.

2. Mischungen von Geheiligtem und Ungeheiligtem mit besonderer Rücksicht auf Sauerteig und Gewürz. II 4—15.

II 4a Alles was [man] säuert, würzt und mischt mit Teruma, ʿOrla und Kil'ajim des Weinbergs, || ist verboten.

b Die Schammaiiten sagen: || Es verunreinigt auch. || Aber die Hilleliten sagen: || Es verunreinigt stets nur, || wenn es die Größe eines Eies hat.

II 5 Dosetaj aus Kephar Jitma gehörte zu den Schülern der Schammaiiten und sagte: || Ich habe Schammaj den Alten gefragt, und er sagte: || Es verunreinigt stets nur, || wenn es die Größe eines Eies hat.

---

des, Bertinoro, Rabe und bes. Rosenthal S. 14 chiastisch aufzufassen: man säuert und würzt mit ʿOrla und Kil'ajim, man macht zur Teruma mit Teruma. — חָמֵץ bh sauer sein, Piʿel säuern nicht bibl. — תִּבֵּל würzen, verb. denom. von תֶּבֶל (z. B. Talm j ʿOrl 1 4, 61b 7), Pl. תַּבְלִין, תַּבְלִים (z. B. ʿOrl II 10) Gewürz, zur Wurzel בלל, vgl. Krauß, Arch. I S. 496 Anm. 629 — דִּמַּע, etwas zur Teruma machen, verb. denom. von דֶּמַע, das im Samarit. Bestes, Vorzüglichstes, in der Mischna die dem Priester gehörige Hebe bedeutet, vgl. Strack, Einl.[4] S. 32 Anm. 1.

II 4b. Nach den Schammaiiten verunreinigen die obengenannten Gegenstände, wenn sie selbst unrein geworden sind, auch die mit ihnen gemischten Speisen in jedem Falle, so daß ihre Berührung alle Folgen der Unreinheit nach sich zieht; nach den Hilleliten aber nur dann, wenn die scharfen Gegenstände wenigstens die Größe eines Eies haben, vgl. Ṭeh I 1, II 1. — מְטַמֵּא es wird unrein und macht unrein, vgl. meine Bemerkung zu Kil IX 1a. — אֵינוֹ Gr. § 29b. — עַד שֶׁ Gr. § 27i. — יְהֵא aram. Bildung, Gr. § 122.

II 5. Diese Mischna gibt einen geschichtlichen Beleg dafür, daß die Hillelitische Halakha sogar durch einen Schammaiiten bestätigt und demgemäß allein gültig ist. — דּוֹסְתַּי Δοσίθεος, Krauß, Lehnwörter II S. 192. — כְּפַר יִתְמָה unbekannter Ort, vielleicht in Moab, vgl. 1 Chron 11 46. — זָקֵן alt, dann oft im talmudischen Schrifttume Erfahrener, Gelehrter, Mitglied des Synedriums, vgl. II 12, Chal II 5b und Levy s. v.

וְלָמָּה אָמְרוּ ‖ כָּל־הַמְחַמֵּץ וְהַמְתַבֵּל וְהַמְדַמֵּעַ לְהַחְמִיר ‖ מִין בְּמִינוֹ ‖ לְהָקֵל וּלְהַחְמִיר ‖ מִין בְּשֶׁאֵינוֹ מִינוֹ.

כֵּיצַד ‖ שְׂאֹר שֶׁל חִטִּים שֶׁנָּפַל לְתוֹךְ עִסַּת חִטִּים ‖ וְיֵשׁ בּוֹ כְדֵי לְחַמֵּץ ‖ בֵּין שֶׁיֵּשׁ בּוֹ לַעֲלוֹת בְּאֶחָד וּמֵאָה ‖ וּבֵין שֶׁאֵין בּוֹ לַעֲלוֹת בְּאֶחָד וּמֵאָה ‖ אָסוּר ‖ אֵין בּוֹ לַעֲלוֹת בְּאֶחָד וּמֵאָה ‖ בֵּין שֶׁיֵּשׁ בּוֹ כְדֵי לְחַמֵּץ ‖ וּבֵין שֶׁאֵין בּוֹ כְדֵי לְחַמֵּץ ‖ אָסוּר:

לְהָקֵל וּלְהַחְמִיר ‖ מִין בְּשֶׁאֵינוֹ מִינוֹ ‖ כֵּיצַד ‖ גְּרִיסִין שֶׁנִּתְבַּשְּׁלוּ עִם־עֲדָשִׁים ‖ וְיֵשׁ בָּהֶן בְּנֹתֶן טַעַם ‖ בֵּין שֶׁיֵּשׁ בָּהֶן לַעֲלוֹת בְּאֶחָד וּמֵאָה ‖ וּבֵין שֶׁאֵין בָּהֶן לַעֲלוֹת בְּאֶחָד וּמֵאָה ‖ אָסוּר ‖ אֵין בָּהֶן בְּנֹתֶן טַעַם ‖ בֵּין שֶׁיֵּשׁ בָּהֶן לַעֲלוֹת בְּאֶחָד וּמֵאָה ‖ וּבֵין שֶׁאֵין בָּהֶן לַעֲלוֹת בְּאֶחָד וּמֵאָה ‖ מֻתָּר:

II 6a. Diese Mischna gibt eine Erläuterung zu II 4a: Erschwerung ist vorhanden, wenn eine Art mit derselben Art gemischt ist, Erleichterung, wenigstens zum Teil, wenn verschiedene Arten gemischt sind. — וְלָמָּה, die Überlieferung punktiert וּלְמָה, damit man nicht „weswegen“, sondern „wobei, in Beziehung worauf, in welchem Falle“ übersetze; ת׳ י׳ umschreibt לאיזה עניין אמרו, Bertinoro ולמה אמרו. כמו ובמה אמרו. כלומר באיזה עניין אמרו. — הֶחְמִיר ist Denominativum zu חֹמֶר, חָמוּר Gewichtiges, Schweres und bedeutet erschweren, mit Strenge entscheiden, den Gegensatz dazu bildet das bh הֵקֵל erleichtern, vgl. Bacher, Term. I S. 61. לְ mit dem Infinitiv bezeichnet das, was getan werden soll, Gr. § 106d. — Zu dem unterscheidenden ו in וּלְהַחְמִיר vgl. Berliner, Beitr. z. hebr. Gr. in Talm. u. Midr. S. 54.

II 6b. Hier und in 7 folgen die bezüglichen Beispiele, zuerst für den Fall, daß eine Art mit derselben Art gemischt ist. Nach dem zu II 4a Bemerkten und den oben mit Bertinoro in Klammern hinzugefügten Worten ist der Inhalt des ersten Satzes klar. Es kann nur noch die Frage entstehn, ob der Teig auch verboten ist, wenn zwar das Verhältnis von 100:1 nicht vorhanden ist, aber auch die hineingefallene Masse nicht genügt, um den Teig zu säuern. Auch dieser Teig ist verboten. Selbstverständlich ist es aber und daher nicht erwähnt, daß in

II 6a In Beziehung worauf sagt man, || daß alles, was säuert, würzt und mischt, mit Strenge zu entscheiden ist? || [Wenn] Art bei seiner Art [ist]. || Daß es zu erleichtern, bzw. mit Strenge zu entscheiden ist? || [Wenn] Art bei ungleicher Art [ist].

b Wie? || Wenn Sauerteig von Weizen[, der Hebe ist,] in Weizenteig[, der Chullin ist,] gefallen ist || und in jenem soviel enthalten ist, um diesen zu säuern, || dann ist er verboten, || gleich gut, ob in ihm soviel vorhanden ist, um in 101 aufzugehn, || oder ob nicht in ihm soviel vorhanden ist, um in 101 aufzugehn. || Ist in ihm nicht soviel, um in 101 aufzugehn, || so ist er verboten, || gleich gut, ob in ihm soviel [hineingefallener Teig] vorhanden ist, um zu säuern, || oder ob nicht in ihm soviel [hineingefallener Teig] vorhanden ist, um zu säuern.

II 7 Daß es zu erleichtern, bzw. mit Strenge zu entscheiden ist? || [Wenn] Art bei ungleicher Art [ist]. || Wie? || Wenn Graupen[, die Hebe sind,] mit Linsen[, die Chullin sind,] gekocht sind || und es ist bei ihnen der Umstand, daß erstere Geschmack mitteilen, || so ist [das Ganze] verboten, || gleich gut, ob in ihm soviel vorhanden ist, um in 101 aufzugehn, || oder ob nicht in ihm soviel vorhanden ist, um in 101 aufzugehn. || Ist bei ihnen nicht der Umstand, daß sie Geschmack mitteilen, || so ist [das Ganze] erlaubt, || gleich gut, ob in ihm soviel vorhanden ist, um in 101 aufzugehn, || oder ob nicht in ihm soviel vorhanden ist, um in 101 aufzugehn.

---

dem Falle, wo hundertmal mehr Teig als Sauerteig da ist, der Sauerteig aber zum Säuern nicht zureicht, letzterer herausgenommen werden kann und der Teig erlaubt ist, so nach II 1a und Maimonides zu unserer Stelle. — כֵּיצַד vgl. II 2. 3 — שֶׁל zur Umschreibung des Genitivs Gr. § 87a. — Über das ganz zur Präposition gewordene לְתוֹךְ vgl. Gr. § 12 S. 25. — עִסָּה Teig, vom bh עָשָׂה, עִשָּׂה, jüd.-aram. עֲסִי pressen, kneten. — כְּדֵי לְ um zu, Gr. § 25a. — חמץ bh, das Piʿel nicht bh. — וּבֵין שֶׁ . . . בֵּין שֶׁ sei es daß . . . sei es daß, Gr. § 22. — Über die Form des Bedingungssatzes der Möglichkeit vgl. Gr. § 19b. — Zu עָלָה vgl. I 6b. c.

II 7. Es folgt das Beispiel für den zweiten Fall, daß eine Art mit einer andern gemischt ist. Werden Graupen, die zur Hebe, ʿOrla oder Kil'ajim gehören, mit Chullin-Linsen gekocht und verleihen der Speise Geschmack, so wird mit Strenge entschieden, ist dies nicht der Fall, so wird Erleichterung gewährt; die Erläuterungen in Klammern nach Bertinoro und ת׳ י׳. — גְּרִיסִין Graupen, eigentlich Klein Gestoßenes, vgl. bh גָּרַס, גֶּרֶשׂ. — נִתְבַּשְּׁלוּ Gr. § 100. — בְּנֹתֵן טַעַם vgl. II 1b. — נתר bh aufspringen, Hoph nicht bh erlaubt sein, Hiph II 9b und öfter.

שְׂאֹר שֶׁל־חֻלִּין שֶׁנָּפַל לְתוֹךְ עִסָּה ‖ וְיֵשׁ בּוֹ כְדֵי לְחַמֵּץ ‖ וְאַחַר כָּךְ נָפַל שְׂאֹר שֶׁל־תְּרוּמָה אוֹ שְׂאֹר שֶׁל־כִּלְאֵי הַכֶּרֶם ‖ וְיֵשׁ בּוֹ כְדֵי לְחַמֵּץ ‖ אָסוּר:

שְׂאֹר שֶׁל־חֻלִּין שֶׁנָּפַל לְתוֹךְ עִסָּה וְחִמְּצָהּ ‖ וְאַחַר כָּךְ נָפַל שְׂאֹר שֶׁל־תְּרוּמָה אוֹ שְׂאֹר שֶׁל־כִּלְאֵי הַכֶּרֶם ‖ וְיֵשׁ בּוֹ כְדֵי לְחַמֵּץ ‖ אָסוּר.

רַבִּי שִׁמְעוֹן מַתִּיר:

תַּבְלִים שְׁנַיִם וּשְׁלֹשָׁה שֵׁמוֹת מִמִּין אֶחָד אוֹ מִשְּׁלֹשָׁה ‖ אָסוּר וּמִצְטָרְפִין.

רַבִּי שִׁמְעוֹן אוֹמֵר ‖ שְׁנֵי שֵׁמוֹת מִמִּין אֶחָד אוֹ שְׁנֵי מִינִין מִשֵּׁם אֶחָד ‖ אֵינָן מִצְטָרְפִין:

שְׂאֹר שֶׁל־חֻלִּין וְשֶׁל־תְּרוּמָה שֶׁנָּפַל לְתוֹךְ עִסָּה ‖ לֹא בָזֶה כְדֵי לְחַמֵּץ וְלֹא בָזֶה כְדֵי לְחַמֵּץ ‖ נִצְטָרְפוּ וְחִמְּצוּ ‖ רַבִּי אֱלִיעֶזֶר אוֹמֵר ‖ אַחַר הָאַחֲרוֹן אֲנִי בָא.

II 8 und 9. Sie gehören zusammen: Im ersten Falle ist Säuerung noch nicht vollendet, aber die beiden Sauerteige, der erlaubte und der unerlaubte, würden einzeln und zusammen genügen, um den Teig zu säuern. Man kann also nicht entscheiden, von wem die Säuerung herrührt, deshalb ist der Teig verboten. Im zweiten Falle ist die Säuerung durch den erlaubten Teig vollendet, und nun erst fällt der unerlaubte hinein. Trotzdem dieser nur noch den Geschmack verschlechtert (נֹתֵן טַעַם לִפְגָם Bacher, Term. II S. 155), ist er verboten, nach Talmj, Bertinoro und ת׳ י׳ weil man mit ihm andere Teige säuern und somit einen Vorteil aus ihm ziehen könnte. R. Schimʿons anders geartete Meinung ist nicht durchgedrungen (Maimonides).

II 10a. Unter Gewürzen (תַּבְלִין, תַּבְלִים vgl. II 4a) sind mit Maimonides nicht nur Gewürze im engern Sinne, wie Ingwer und Pfeffer, zu verstehn, sondern alles, was den Speisen einen Geschmack gibt, z. B. Knoblauch, Zwiebel, Öl, Essig, Wein. Dagegen ist Maimonides im Unrecht, wenn er unter den Namen von einer Art verschiedene Sorten einer Art versteht, z. B. die von ihm und R. Schimschon aus Sens genannten פלפל לבן וקשה, פלפל שחור ,פלפל ערוך, vielmehr sind mit den Namen nach Bertinoro, ת׳ י׳, dem Tosaphisten Rabbenu Tam, Rabe, Rosenthal die verbotenen Gegenstände aus ʿOrla, Teruma, Kilʾajim, Aschera, z. B. Pfeffer

II 8 Wenn Sauerteig von Chullin in Teig gefallen ist || und in jenem soviel enthalten ist, um zu säuern, || und danach Sauerteig von Teruma oder Sauerteig von Kil'ajim des Weinbergs hineingefallen ist || und in diesem soviel enthalten ist, um zu säuern, || so ist [das Ganze] verboten.

II 9a Wenn Sauerteig von Chullin in Teig gefallen ist und ihn gesäuert hat, || und danach Sauerteig von Teruma oder Sauerteig von Kil'ajim des Weinbergs hineingefallen ist || und in diesem soviel enthalten ist, um zu säuern, || so ist [das Ganze] verboten.

b R. Schimʿon erklärt [es] für erlaubt.

II 10a Betreffend Gewürze von zwei oder drei [verbotenen] Namen von einer Art oder von drei [Arten von einem verbotenen Namen], || es ist verboten, und sie werden zusammengerechnet.

b R. Schimʿon sagt: || [Gewürze von] zwei Namen von einer Art oder [von] zwei Arten von einem Namen || werden nicht zusammengerechnet.

II 11a Wenn Sauerteig von Chullin und von Teruma in einen Teig gefallen ist || und weder in diesem soviel enthalten ist, um zu säuern, noch in jenem soviel enthalten ist, um zu säuern, || — werden sie zusammengerechnet, so säuern sie — || so sagt R. Eliʿezer: || Nach dem letzten richte ich mich.

---

von ʿOrla oder Hebe oder Kil'ajim oder Aschera gemeint und mit den drei Arten von einem Namen z. B. Ingwer, Pfeffer, Öl von ʿOrla. Kommen diese in eine Speise, so ist diese dadurch verboten, auch werden die Gewürze znsammengerechnet, um das rabbinische Maß für Unreinheit zu bekommen, vgl. II 4b und Ṭeh I 1, II 1. — Zur Kürze des mischnischen Ausdrucks מִשְׁלֹשָׁה, den die oben gegebene Übersetzung erklärt, vgl. Kil II 2b, VIII 2. — Die Auffälligkeit der Zusammenstellung אָסוּר und מִצְטָרְפִין ist durch unsere Übersetzung erklärt; ähnlich auch Bertinoro und Maimonides, wenn sie sagen, מִצְטָרְפִין sei die Erläuterung zu אָסוּר.

II 10b. R. Schimʿon erleichtert auch hier, indem er offenbar nach Analogie von II 7 entscheidet, wo ebenfalls bei verschiedener Art eine Erleichterung stattfand. Die Halakha folgt ihm nicht (Maimonides). — מִינִין wohl nicht biblischer Plural, siehe die Lexika.

II 11a. R. Eliʿezer will einen Teig für erlaubt halten, wenn der Sauerteig von Chullin zuletzt hineingekommen, natürlich nachdem der Hebesauerteig herausgenommen ist; Bedingung ist, daß die beiden Teige allein für sich ungenügend zur Säuerung sind. Kommt aber der Hebesauerteig zuletzt hinein, so bewirkt er die Säuerung, und das Ganze ist verboten. — בּוֹא אַחַר sich nach etwas richten, nicht bh.

וַחֲכָמִים אֹמְרִים ‖ בֵּין שֶׁנָּפַל אִסּוּר בַּתְּחִלָּה בֵּין בַּסּוֹף ‖ לְעוֹלָם אֵינוֹ אֹסֵר ‖ עַד שֶׁיְּהֵא בוֹ כְדֵי לְחַמֵּץ:

יוֹעֶזֶר אִישׁ הַבִּירָה הָיָה מִתַּלְמִידֵי בֵית שַׁמַּי וְאָמַר ‖ שָׁאַלְתִּי אֶת־רַבָּן גַּמְלִיאֵל הַזָּקֵן ‖ עֹמֵד בְּשַׁעַר הַמִּזְרָח וְאָמַר ‖ לְעוֹלָם אֵינוֹ אֹסֵר ‖ עַד שֶׁיְּהֵא בוֹ כְדֵי לְחַמֵּץ:

כֵּלִים שֶׁסָּכָן בְּשֶׁמֶן טָמֵא וְחָזַר וְסָכָן בְּשֶׁמֶן טָהוֹר ‖ אוֹ שֶׁסָּכָן בְּשֶׁמֶן טָהוֹר וְחָזַר וְסָכָן בְּשֶׁמֶן טָמֵא ‖ רַבִּי אֱלִיעֶזֶר אֹמֵר ‖ אַחַר הָרִאשׁוֹן אֲנִי בָא ‖ וַחֲכָמִים אֹמְרִים אַחַר הָאַחֲרוֹן:

שְׂאֹר שֶׁל־תְּרוּמָה וְשֶׁל־כִּלְאֵי הַכֶּרֶם שֶׁנָּפְלוּ לְתוֹךְ עִסָּה ‖ לֹא בָזֶה כְדֵי לְחַמֵּץ וְלֹא בָזֶה כְדֵי לְחַמֵּץ ‖ וְנִצְטָרְפוּ וְחִמְּצוּ ‖ אָסוּר לְזָרִים וּמֻתָּר לַכֹּהֲנִים.

רַבִּי שִׁמְעוֹן מַתִּיר לְזָרִים וְלַכֹּהֲנִים:

תַּבְלִים שֶׁל־תְּרוּמָה וְשֶׁל־כִּלְאֵי הַכֶּרֶם שֶׁנָּפְלוּ לְתוֹךְ קְדֵרָה ‖ לֹא בָאֵלּוּ

II 11b. Nach den Weisen ist dagegen der Teig erlaubt, gleich gut, ob das Verbotene zuerst oder zuletzt hineingefallen ist; nur darf durch den Hebesauerteig noch nicht Säuerung eingetreten sein, vgl. II 8. 9 Ter V 6. — אִסּוּר Verbot, Verbotener.

II 12. Wie 5 zu 4, so bietet hier 12 zu 11b einen geschichtlichen Beleg. Joʿezer, ein Beamter der Bira, d. h. eines Platzes oder Gebäudes auf dem Tempelberge, wo die verunreinigten Opfer verbrannt wurden, führt ein Zeugnis des alten Gamliel an, der die Halakha der Weisen für richtig erklärt. — Über בִּירָה vgl. die ausführlichen Erörterungen: Krauß, Arch. I S. 371 Anm. 717; Beer, Pes III 8, VII 8 und besonders Holtzmann, Midd I 9d. — רַבָּן vgl. I 4. — Über Gamliel den Alten, ungefähr 50 n. Chr. vgl. Strack, Einl.[4] S. 83 und die dort angegebene Literatur. — זָקֵן vgl. II 5. — שַׁעַר הַמִּזְרָח, ein Tor des Tempelbergs, Midd I 3: „Über dem Osttor war die Burg Susa abgebildet; dadurch gingen der Priester, der die Kuh verbrannte, die Kuh und alle, die dabei halfen, nach dem Ölberg hinaus.“ Vgl. Holtzmann z. St.

II 13. R. Eliʿezer denkt wohl an lederne und ähnliche Geräte (so auch Bertinoro, ת׳ י׳ u. a. m.), die Unreinigkeit annehmen, die Weisen wohl an steinerne oder ähnliche Geräte (so auch Maimonides), die

II 11b Aber die Weisen sagen: || Gleich gut, ob das Verbotene im Anfange hineingefallen ist oder am Ende, || es bewirkt stets nur ein Verbot, || wenn in ihm soviel enthalten ist, um zu säuern.

II 12 Joʿezer, ein Beamter der Bira, gehörte zu den Schülern der Schammaiiten und sagte: || Ich habe Rabban Gamliel den Alten gefragt, || als er am Osttore stand, und er sagte: || Es bewirkt stets nur ein Verbot, || wenn in ihm soviel enthalten ist, um zu säuern.

II 13 Hat man Geräte mit unreinem Öle bestrichen und dann wieder mit reinem Öle bestrichen, || oder hat man sie mit reinem Öle bestrichen und dann wieder mit unreinem Öle bestrichen, || so sagt R. Eliʿezer: || Nach dem ersten richte ich mich. || Aber die Weisen sagen: Nach dem letzten.

II 14a Wenn Sauerteig von Teruma und von Kil'ajim des Weinbergs in einen Teig [von Chullin] fällt || [und] weder in diesem soviel enthalten ist, um zu säuern, noch in jenem soviel enthalten ist, um zu säuern, || — werden sie zusammengerechnet, so säuern sie — || so ist er verboten den Nichtpriestern, aber erlaubt den Priestern.

b R. Schimʿon erlaubt es den Nichtpriestern und Priestern.

II 15a Wenn Gewürz von Teruma und von Kil'ajim des Weinbergs in einen Topf [mit Chullin] fällt || [und] weder in diesem soviel enthalten ist,

---

keine Unreinigkeit annehmen. Im ersten Falle muß das Öl eintrocknen und dann die gesetzlich vorgeschriebene Reinigung vorgenommen werden, im letzten ist natürlich nur die Reinigung nötig: vgl. Kel II X 1, XXIII. R. Eliʿezer meint nun, daß doch das erste Öl durchdringe und später herangebrachtes und abtropfendes Öl nach ihm zu beurteilen sei, die Weisen, daß das letztgenannte Öl ausschlaggebend sei. — Daß diese Mischna den Zusammenhang zerreißt, ist klar, vgl. Einl. S. 3. — Durch Bestreichen mit Öl (סוך) suchte man Geräte zu verschönern, Krauß, Arch. I S. 76. — חָזַר zurückkehren, in Verbindung mit einem andern Verbum zum Ausdrucke unseres „wieder“ gebraucht.

II 14. 15. Beide Mischna gehören zusammen und schließen sich unmittelbar an das Vorhergehende an, wenn 13 ausgelassen wird. Teig und Topfgericht sind den Priestern um der hineingefallenen Hebe willen erlaubt, weil diese ihnen erlaubt ist. R. Schimʿon aber erlaubt sie auch Nichtpriestern nach seinem II 10b ausgesprochenen Grundsatze: „Zwei Namen von einer Art oder zwei Arten von einem Namen werden nicht zusammengerechnet.“ — זָר = Nichtpriester, vgl. schon Lev 22 10 u. öfter. — קְדֵרָה Topf, hier Topf mit Inhalt, zur Form Gr. § 43. — אֵלּוּ Pl. des Pron. dem. Gr. § 30a.

כְּדֵי לְתַבֵּל וְלֹא בָאֵלּוּ כְּדֵי לְתַבֵּל ‖ וְנִצְטָרְפוּ וְתִבְּלוּ ‖ אָסוּר לְזָרִים וּמֻתָּר לַכֹּהֲנִים.

רַבִּי שִׁמְעוֹן מַתִּיר לְזָרִים וְלַכֹּהֲנִים:

חֲתִיכָה שֶׁל־קָדְשֵׁי קֳדָשִׁים וְשֶׁל־פִּגּוּל וְשֶׁל־נוֹתָר שֶׁנִּתְבַּשְּׁלוּ עִם־הַחֲתִיכוֹת ‖ אָסוּר לְזָרִים וּמֻתָּר לַכֹּהֲנִים.

רַבִּי שִׁמְעוֹן מַתִּיר לְזָרִים וְלַכֹּהֲנִים:

בְּשַׂר קָדְשֵׁי קֳדָשִׁים וּבְשַׂר קֳדָשִׁים קַלִּים שֶׁנִּתְבַּשְּׁלוּ עִם־בְּשַׂר הַתַּאֲוָה ‖ אָסוּר לִטְמֵאִים וּמֻתָּר לִטְהוֹרִים:

II 16a. Als allerheiligste Opfer gelten das Ganzopfer, das Sündopfer, das Schuldopfer und die Friedensopfer der Gemeinde am Wochenfeste, alle übrigen Opfer werden קֳדָשִׁים קַלִּים (II 17) genannt. Nur Priester dürfen nach Lev 7 6ff. jene Opfer essen. Vom נוֹתָר „Übriggebliebenem" und פִּגּוּל „Verworfenem" heißt es Lev 7 17f. (und fast gleichlautend Lev 19 6ff.): „Was aber am dritten Tage vom Opferfleisch übrig ist, muß verbrannt werden. Sollte aber auch am dritten Tage noch von dem Heilsopferfleische gegessen werden, so wird dies den, der es dargebracht hat, nicht wohlgefällig machen; es wird ihm nicht angerechnet werden, sondern als verworfenes Fleisch gelten, und derjenige, der davon ißt, wird Verschuldung auf sich laden." Natürlich ist auch den Priestern verboten, solches Fleisch zu essen.

Es ist nun allerdings nach Maimonides z. St. die Regel, daß Chullin, wenn es 60 mal mehr ist als jedes einzelne, dies aufhebt, also in solchem Falle Chullin und Allerheiligstes, Chullin und Übriggebliebenes, Chullin und Verworfenes von Nichtpriestern gegessen werden darf. Hier wird aber die Bestimmung getroffen, daß die drei Teile zusammengerechnet werden sollen, wenn sie alle drei mit Fleisch von Chullin gekocht sind, und ist dann das angegebene Verhältnis von 60 : 1 nicht mehr vorhanden, daß dann das Ganze den Nichtpriestern verboten, den Priestern aber um zu würzen, noch in jenem soviel enthalten ist, um zu würzen, || — werden sie zusammengerechnet, so würzen sie — || so ist es verboten den Nichtpriestern and erlaubt den Priestern.

II 15b R. Schimʿon erlaubt es den Nichtpriestern und Priestern.

3. Mischung von Opferfleisch mit anderm Fleische. II 16—17.

II 16a Wenn ein Stück von den allerheiligsten Opfern und vom Verworfenen und vom Übriggebliebenen mit den Stücken [von Chullin] gekocht ist, || so ist verboten den Nichtpriestern und erlaubt den Priestern.

b R. Schimʿon erlaubt es den Nichtpriestern und den Priestern.

II 17 Wenn Fleisch von den allerheiligsten Opfern und Fleisch von minder heiligen Opfern mit gewöhnlichem Fleische gekocht sind, || so ist es verboten den Unreinen und erlaubt den Reinen.

---

gestattet sein soll. Man hat also das Allerheiligste als ausschlaggebend angesehen. — חֲתִיכָה Stück. — נִתְבַּשְּׁלוּ vgl. II 7.

II 16b. R. Schimʿon läßt nach seinem II 10b ausgesprochenen und schon II 14. 15 angewandten Grundsatze das Zusammenrechnen verschiedener Arten auch hier nicht gelten.

II 17. Allerheiligstes Fleisch, das nur den Priestern gestattet ist, Fleisch von minder heiligen Opfern, das auch reinen Nichtpriestern gestattet ist, und gewöhnliches Fleisch, das selbst unreinen Nichtpriestern gestattet ist, werden zusammen gekocht. Ist nun von dem gewöhnlichen Fleische 60 mal mehr vorhanden als von jedem Einzelnen, so würde das gewöhnliche Fleisch jedes Einzelne aufheben, und auch dem Unreinen wäre das Ganze zum Genusse erlaubt. Um dies zu verhindern, werden die Opferfleischstücke zusammengerechnet, und ist nun das Verhältnis 60 : 1 nicht mehr vorhanden, so ist das Ganze nur noch dem Reinen gestattet, auch dem reinen Nichtpriester, denn das Allerheiligste, das er eigentlich nicht essen darf, wird wieder durch die zusammengerechneten minder heiligen Opfer und Chullin aufgehoben. Da hier allen, Priestern und Nichtpriestern, levitische Reinheit der Personen vorausgesetzt, der Genuß erlaubt wird, hat auch R. Schimʿon nichts einzuwenden. — בְּשַׂר הַתַּאֲוָה eigentlich Fleisch des Begehrens, gewöhnliches Fleisch, das man essen kann, wenn man Lust hat. Der Ausdruck ist aus Dtn 12 20 f. entwickelt.

בֶּגֶד שֶׁצְּבָעוֹ בִקְלִיפֵּי עָרְלָה יִדָּלֵק.

נִתְעָרֵב בַּאֲחֵרִים ‖ כֻּלָּם יִדָּלְקוּ ‖ דִּבְרֵי רַבִּי מֵאִיר ‖ וַחֲכָמִים אוֹמְרִים ‖ יַעֲלֶה בְאֶחָד וּמָאתָיִם:

הַצֹּבֵעַ מְלֹא הַסִּיט בִּקְלִיפֵּי עָרְלָה ‖ וַאֲרָגוֹ בְבֶגֶד ‖ וְאֵין יָדוּעַ אֵיזֶה הוּא ‖ רַבִּי מֵאִיר אוֹמֵר ‖ יִדָּלֵק הַבֶּגֶד.

וַחֲכָמִים אוֹמְרִים ‖ יַעֲלֶה בְאֶחָד וּמָאתָיִם:

הָאוֹרֵג מְלֹא הַסִּיט מִצֶּמֶר הַבְּכוֹר בְּבֶגֶד ‖ יִדָּלֵק הַבֶּגֶד ‖ וּמִשְּׂעַר הַנָּזִיר ‖ וּמִפֶּטֶר חֲמוֹר בְּשַׂק ‖ יִדָּלֵק הַשַּׂק.

III 1a. Daß die Schalen einer Frucht zur Nutznießung verboten sind (אָסוּר בַּהֲנָאָה), sucht Talm j z. St. aus Lev 19 23 zu beweisen, indem er אֶת־פִּרְיוֹ durch „mit der Frucht“ übersetzt. Dann ist auch das mit solchen Schalen gefärbte Kleid verboten und muß verbrannt werden, damit jede Möglichkeit, es zu benutzen, schwindet. Man färbte mit den Schalen der frischen welschen Nüsse und mit Granatapfelschalen, vgl. Schab IX 5 und Krauß, Arch. I S. 145. — צָבַע eintauchen, färben. — קְלִיפָּה Schale, z. B. Ohal VI 6, Pl. קְלִיפִּין, z. B. Schab XXI 3. — דָּלַק bh, Nif nicht bh.

III 1b. Über die Behandlung von Kleidern, unter die ein mit ʿOrla gefärbtes geraten ist, ohne daß man weiß, welches es ist, ist die Meinung geteilt. R. Meir entsprechend seinem III 6. 7 geäußerten Grundsatze, daß ein Aufgehn beim Verhältnis 1:200 nur möglich sei bei Dingen, die man nicht zähle, z. B. bei Weizen, nicht aber bei zählbaren Dingen, z. B. bei Kleidern, will alle Kleider verbrannt wissen, die Weisen wollen dagegen, vgl. III 7b, milder verfahren: sind im ganzen wenigstens 201 Kleider vorhanden, ist also das Verhältnis 1:200, so sollen alle Kleider erlaubt sein. Die Halakha folgt den Weisen (vgl. Maimonides). — נִתְעָרֵב vgl. I 6a. — יַעֲלֶה בְּ vgl. I 6b. c.

III 2a. b. Entsprechend dem eben Gesagten muß auch die Entschei-

III. Farben und Feuer im Verhältnisse zum ʿOrla-Gesetze. III 1—8.

1. Mit ʿOrla gefärbte Gegenstände. III 1—2.

III 1 a Ein Kleid, das man mit Schalen von ʿOrla gefärbt hat, muß verbrannt werden.

b Ist es unter andere gemengt worden, ‖ so müssen sie alle verbrannt werden, ‖ das sind die Worte R. Meirs. ‖ Aber die Weisen sagen: ‖ Es geht auf in 201.

III 2 a Färbt jemand etwas von Siṭ-Weite mit Schalen von ʿOrla ‖ und webt es in ein Kleid, ‖ und es ist nicht sicher, welches es ist, ‖ so sagt R. Meir: ‖ Das Kleid muß verbrannt werden.

b Aber die Weisen sagen: ‖ Es geht auf in 201.

2. Verschiedene Webstoffe. III 3.

III 3 a Webt jemand Siṭ-Weite von der Wolle der Erstgeburt in ein Kleid, ‖ so muß das Kleid verbrannt werden; ‖ und vom Haar des Nazirs ‖ und vom Erstling eines Esels in härenes Zeug, ‖ so muß das härene Zeug verbrannt werden.

---

dung fallen, wenn man irgend etwas, z. B. einen Faden, der mit ʿOrla gefärbt ist, in ein Kleid webt und nun nicht mehr weiß, welcher Faden es ist. — סִיט nur nh. (von שׂוט = שָׂטָה entfernen) = Entfernung, und zwar nach den Auslegern entweder die Weite zwischen Daumen und Zeigefinger oder, weniger gut, zwischen Zeige- und Mittelfinger, $3^4/_{22}$ cm, Krauß, Arch. II S. 390 f. 705 Anm. 523. — אֵיזֶה Pron. interrog. Gr. § 33.

III 3 a. Eine Erstgeburt darf überhaupt nicht geschoren werden, vgl. Dtn 15_{19}: וְלֹא תָגֹז בְּכוֹר צֹאנֶךָ und gehört wie ihre Wolle zu den unter b genannten geheiligten Dingen (vgl. Dtn a. a. O.), die ohne Rücksicht auf ihre Menge verboten sind, vgl. b. Es kann daher nur von einer fehlerhaften Erstgeburt (Dtn 15_{21}) die Rede sein. Ihre Wolle darf bis zur Siṭ-Weite gebraucht werden; verwendet man eine Menge dieses Maßes oder mehr, so ist das Kleid verboten. Ebenso steht es mit dem Haare des Nazirs Num 6_5 und des Esels Ex 13_{13}. Da sie zu den unter b gemeinten geheiligten Dingen gehören, müssen auch hier solche verstanden werden, denen irgendein Fehler anhaftet; so mit allen jüdischen Kommentatoren. — Daß Menschen- und Eselshaare verwebt wurden, ergibt sich auch aus Tem VII 4, vgl. Krauß, Arch. I S. 138. 533 Anm. 104.

וּבַמֻּקְדָּשִׁין מְקַדְּשִׁין כָּל־שֶׁהֵן:

תַּבְשִׁיל שֶׁבִּשְּׁלוֹ בִקְלִיפֵּי עָרְלָה יִדָּלֵק ‖ נִתְעָרֵב בַּאֲחֵרִים ‖ יַעֲלֶה בְאֶחָד וּמָאתָיִם:

תַּנּוּר שֶׁהִסִּיקוּהוּ בִקְלִיפֵּי עָרְלָה ‖ וְאָפָה בוֹ אֶת־הַפַּת ‖ תִּדָּלֵק הַפַּת ‖ נִתְעָרְבָה בַּאֲחֵרוֹת ‖ תַּעֲלֶה בְאֶחָד וּמָאתָיִם:

מִי שֶׁהָיוּ לוֹ חֲבִילֵי תִלְתָּן שֶׁל־כִּלְאֵי הַכֶּרֶם ‖ יִדָּלְקוּ ‖ נִתְעָרְבוּ בַּאֲחֵרִים ‖ כֻּלָּם יִדָּלְקוּ ‖ דִּבְרֵי רַבִּי מֵאִיר ‖ וַחֲכָמִים אוֹמְרִים ‖ יַעֲלוּ בְאֶחָד וּמָאתָיִם:

שֶׁהָיָה רַבִּי מֵאִיר אוֹמֵר ‖ אֶת־שֶׁדַּרְכּוֹ לִמְנוֹת מְקַדֵּשׁ.

III 3b. Wirklich auf dem Altar geheiligte Dinge, wie sie eben genannt sind, machen, wenn sie fehlerlos sind, jeden Gegenstand verboten, mag auch noch so wenig von ihnen beigemischt sein. — מֻקְדָּשִׁין, in den Handschriften stets מוקדשין, Gr. § 101d, nicht bh Hofʿal — כָּל־שֶׁהֵן vgl. Gr. § 31b.

Daß diese Mischna den Zusammenhang unseres Stückes unterbricht und mit dem ʿOrla-Gesetze nichts zu tun hat, ist klar; sie wird später eingeschoben sein, vgl. Einl. S. 3.

III 4. 5. Man fürchtete offenbar, daß die brennenden oder verbrannten Schalen dem Gericht oder dem Brot noch Geschmack mitteilen könnten. Über die Verwendung von Fruchtschalen als Brennstoff vgl. Krauß, Arch. I S. 85. 431 Anm. 109. Zu dem Aufgehn in 201 vgl. I 6b. c. — תַּבְשִׁיל gekochte Speise, Gericht, Gr. § 66. — קְלִיפָּה Schale, vgl. III 1a. — דָּלַק bh brennen, Nif nicht biblisch. — עָרַב bh mischen, über das Nitp vgl. Gr. § 100. — הִסִּיקוּ, bh הִשִּׂיקוּ vgl. Gr. § 4e. — פַּת bh Brocken, mischnisch: Brot.

III 6. Wie schon I 6a werden auch hier wieder verbotene Misch-

III 3b Aber bei geheiligten Dingen heiligt alles, so wenig es auch ist.

3. Kochen und Backen mit ʿOrla-Schalen. III 4—5.

III 4 Ein Gericht, das man mit ʿOrla-Schalen gekocht hat, muß verbrannt werden. || Ist es mit andern vermengt, || so geht es auf in 201.

III 5 Hat man einen Ofen mit ʿOrla-Schalen geheizt || und in ihm das Brot gebacken, || so muß das Brot verbrannt werden. || Ist es mit anderen vermengt, || so geht es auf in 201.

4. Kil'ajim- und ʿOrla-Gegenstände, die verbrannt werden müssen. III 6—8.

III 6 Wenn jemand Tiltan-Bündel von Mischgattungen des Weinbergs hat, || so müssen sie verbrannt werden. || Sind sie mit andern vermengt, || so müssen sie alle verbrannt werden: || Worte R. Meirs. || Aber die Weisen sagen: || Sie gehn auf in 201;

III 7a denn R. Meir pflegte zu sagen: || Was man gewöhnlich zählt, heiligt. ||

---

gattungen mit ʿOrla zusammen behandelt. Nach seinem schon zu III 1b erörterten und III 7 angegebenen Grundsatze muß R. Meir die Mischgattungen und das mit ihnen Vermengte verbrennen, die Weisen vertreten dagegen die bekannte mildere Auffassung. Über תִּלְתָּן Trigonella foenum graecum, Bockshornklee vgl. meine Ausführungen zu Kil II 5b. — מִי שֶׁ vgl. Gr. § 31h. — Über die Verbindung mehrerer Genitive miteinander vgl. Gr. § 87e — חֲבִילֵי תִלְתָּן auch Ter X 6, חֲבִילָה Gebundenes, Bündel; ein Bündel enthält nach der Überlieferung (Bertinoro, ת׳ י׳) 25 Stück.

III 7. R. Meirs Grundsatz, daß alles, was für gewöhnlich gezählt wird, heiligt, also mit dem Hineingemengten ohne Rücksicht auf das Verhältnis 1:200 verbrannt werden muß, wird von den Weisen auf sechs, von R. ʿAqibha auf sieben zählbare Dinge eingeschränkt. Von ihnen fallen die drei (nach R. ʿAqibha vier) ersten unter das ʿOrla-Gesetz, die drei letzten unter das Kil'ajim-Gesetz.

a. שֶׁ denn, Gr. § 24a. — Über הָיָה אֹמֵר und דֶּרֶךְ mit dem Infinitiv vgl. Gr. § 107c. — Über אֶת zur Hervorhebung des Nominativs vgl. Gr. § 30f.

וַחֲכָמִים אוֹמְרִים ‖ אֵינוֹ מְקַדֵּשׁ אֶלָּא שִׁשָּׁה דְבָרִים ‖ וְרַבִּי עֲקִיבָא אוֹמֵר שִׁבְעָה ‖ וְאֵלּוּ הֵן ‖ אֱגוֹזֵי פֶרֶךְ וְרִמּוֹנֵי בָדָן וַחֲבִיּוֹת סְתוּמוֹת וְחֻלְפוֹת תְּרָדִים וְכוּלְסֵי אֶכְרוּב וּדְלַעַת יְוָנִית ‖ רַבִּי עֲקִיבָה אוֹמֵר ‖ אַף כִּכָּרוֹת שֶׁל־בַּעַל הַבַּיִת ‖ הָרָאוּי לְעָרְלָה עָרְלָה ‖ לְכִלְאֵי הַכֶּרֶם כִּלְאֵי הַכָּרֶם:

נִתְפַּצְּעוּ הָאֱגוֹזִים ‖ נִתְפָּרְדוּ הָרִמּוֹנִים ‖ נִתְפַּתְּחוּ הֶחָבִיּוֹת ‖ נִתְחַתְּכוּ הַדִּלּוּעִים ‖ נִתְפָּרְסוּ הַכִּכָּרוֹת ‖ יַעֲלוּ בְאֶחָד וּמָאתַיִם:

סְפֵק הָעָרְלָה בְּאֶרֶץ יִשְׂרָאֵל אָסוּר ‖ וּבְסוּרְיָה מֻתָּר ‖ וּבְחוּצָה לָאָרֶץ יֵרֵד וְלוֹקֵחַ ‖ וּבִלְבַד שֶׁלֹּא יִרְאֶנּוּ לוֹקֵט.

כֶּרֶם שֶׁהוּא נָטוּעַ יָרָק ‖ וְיָרָק נִמְכָּר חוּצָה לוֹ ‖ בְּאֶרֶץ יִשְׂרָאֵל אָסוּר ‖ וּבְסוּרְיָה מֻתָּר ‖ וּבְחוּצָה לָאָרֶץ יֵרֵד וְלוֹקֵט ‖ וּבִלְבַד שֶׁלֹּא יִלְקֹט בַּיָּד.

---

b. אֵינוֹ Gr. § 29b. — אֶלָּא außer Gr. § 18a. — אֱגוֹזֵי, Pl. nicht biblisch. — פֶּרֶךְ und בָּדָן werden mit den meisten älteren Erklärern als Namen nicht weiter bekannter Orte anzusehen sein. — חָבִית Faß. — חֻלְפָּה Blatt. — תְּרָדִים vgl. Kil I 3a: Mangold, Beete, aram. — כּוּלְסֵי אֶכְרוּב Kohlstengel, nur in dieser Verbindung vorkommend; כולס ist das griechische καυλός vgl. Löw bei Krauß, Lehnwörter II S. 507, אֶכְרוּב oder כְּרוּב das griechische κράμβη, vgl. Krauß a. a. O. S. 49. 295f. Über die Aussprache des letztern Wortes vgl. Gr. § 7a, § 9b, § 10a, § 82d. — דְּלַעַת יְוָנִית griechischer Kürbis, vgl. Löw, Pflanzennamen S. 351 und Kil I 5; als Plural zu דְּלַעַת dient z. B. III 8 Kil III 4. 6 und sonst das von einer andern Form gebildete דִּלּוּעִים (Gr. § 85b). — Die aufgezählten Gegenstände sind nach Maimonides besonders wertvoll, und so versteht Bertinoro unter den Broten des Hausherrn auch besonders große Brote, während die des Bäckers kleiner sind. — רָאוּי ausersehen, geeignet für, jem. unterliegend, vgl. Est 2 9.

III 8. Maimonides ergänzt richtig den Übergang: Nur wenn die ebengenannten Gegenstände ganz sind, gehn sie nicht auf. — פָּצַע, פָּרַס, חָתַךְ, פָּתַח, פָּרַד Bedeutung und Nitp nicht biblisch. — פָּרַד. Nach Maimonides, Bertinoro und ת׳ י׳ zu Maas I I 6 pflegte man die Granat-

III 7b Aber die Weisen sagen: ‖ Nur sechs [zählbare] Dinge heiligen; ‖ und R. ʿAqibha sagt: Sieben. ‖ Und diese sind es: ‖ Nüsse von Perekh, Granatäpfel von Badan, verschlossene Fässer, Mangoldblätter, Kohlstengel und griechischer Kürbis. ‖ R. ʿAqibha sagt: ‖ Auch Brote des Hausherrn. ‖ Was dem ʿOrla-Gesetze unterliegt, ist ʿOrla; ‖ was dem Gesetze von den Mischgattungen des Weinbergs unterliegt, ist Mischgattung des Weinbergs.

III 8 Sind aber die Nüsse aufgeschlagen, ‖ die Granatäpfel aufgeschnitten, die Fässer geöffnet, ‖ die Kürbisse angeschnitten, ‖ die Brote angebrochen, ‖ so gehn sie auf in 201.

IV. Anhang: ʿOrla und Kil'ajim in verschiedenen Ländern. III 9.

III 9a Das, worüber man im Zweifel ist, ob es ʿOrla ist, ist im Lande Israel verboten, ‖ aber in Syrien erlaubt, ‖ und im Auslande darf man gehn und kaufen; ‖ nur darf man nicht den Sammelnden sehen.

b Wenn ein Weinberg mit Kraut[, das Kil'ajim bildet,] bepflanzt ist ‖ und [ähnliches] Kraut wird außerhalb desselben verkauft, ‖ so ist es im Lande Israel verboten, ‖ aber in Syrien erlaubt, ‖ und im Auslande darf man hineingehn, während jemand sammelt; ‖ nur darf man nicht mit eigner Hand sammeln.

äpfel aufzuschneiden und an der Sonne zu trocknen; diese Frucht heißt nach Maas I a. a. O. פֶּרֶד.

III 9a. Daß Syrien und das Ausland nicht gleich zusammen genannt werden, hat seinen Grund darin, daß Syrien, weil mit Judäa zu einer Provinz verschmolzen und von vielen Juden bewohnt, eine Art Mittelstellung einnahm, vgl. Edu VII 7 Dam VI 11 Schebi VI 2. 5f. Chal IV 7. Hat man daher Zweifel, ob eine Frucht von einem noch nicht dreijährigen Baume herrührt, so darf man diese Früchte in Palästina nicht genießen, aber wohl in Syrien; außerhalb dieser Länder kann man selbst in den Garten gehn und sehen, daß die Früchte von jungen Bäumen sind, wenn man nur nicht selbst sie von ihnen abpflücken sieht. — סָפֵק, st. c. סְפֵק Zweifel, Zweifelhaftes. — בְּחוּצָה לָ Gr. § 12. — לָקַח im nicht bibl. Sinne: kaufen. — בִּלְבַד שֶׁ Gr. § 25b.

III 9b. Bei Mischgattungen ist noch eine größere Erleichterung gegeben, soweit es das Ausland betrifft: Man darf sogar den Sammelnden sehen, nur nicht selbst die Feldfrucht schneiden und sammeln. Auffällig und auch von allen jüdischen Kommentatoren seit dem Talm j bemerkt ist die Konstruktion יֵרֵד וְלֹקֵט, die, um einen Sinn zu geben, anders zu fassen ist als das יֵרֵד וְלֹקֵחַ in a.

הֶחָדָשׁ אָסוּר מִן־הַתּוֹרָה בְּכָל־מָקוֹם ‖ וְהָעָרְלָה הֲלָכָה ‖ וְהַכִּלְאַיִם מִדִּבְרֵי סֹפְרִים׃

III 9c. Das neue Getreide darf selbst im Auslande erst geschnitten und gegessen werden nach dem Darbringen des ʽOmer, vgl. zu Chal I 1b Men X 5. 7. 9. Über die heutige Sitte des ʽOmer-zählens vgl. Schärf, Nathanael XVII S. 160. Daß die neue Frucht durch das Gesetz überall verboten ist, schließt die Mischna, worauf Spha zu Lev 23$_{14}$ aufmerksam macht, aus dem an angegebener Stelle vorkommenden Ausdrucke בְּכֹל מֹשְׁבֹתֵיכֶם „in allen euren Wohnsitzen". Allerdings ist diese Annahme nicht die aller Lehrer vgl. Qid I 9 Men X 5. 6 Suk III 12 Spha zu Lev 23$_{14}$ Sphe zu Dtn 11$_{18}$.

Das ʽOrla-Gesetz enthält (vgl. S. 1) Lev 19$_{23}$ die Worte וְכִי תָבֹאוּ אֶל־הָאָרֶץ „Und wenn ihr in das verheißene Land kommen werdet" und hat daher nach dem Gesetze nur Gültigkeit in Palästina, die weitere Ausdehnung auf andere Länder ist הֲלָכָה. Über die Bedeutung von הֲלָכָה an unserer Stelle findet sich im Talm b Qid 38b eine interessante Kontroverse. Nach Schemuel, dem babylonischen Amora, bedeutet es hier soviel wie הלכתא [ד]מדינה Landesbrauch, Landessitte, nach Jochanan,

III 9 c Das Neue [von Getreide oder Frucht] ist nach dem Gesetze an jedem Orte verboten, ‖ die [eben erwähnte Verordnung wegen der] ʿOrla ist Halakha, ‖ und die Kil'ajim betreffende gründet sich auf Aussprüche der Schriftgelehrten.

---

dem palästinischen Amora (tradiert durch Ulla) soviel wie הֲלָכָה לְמֹשֶׁה מִסִּינַי Satzung Moses vom Sinai her, d. h. eine Satzung, über deren Ursprung man nichts mehr zu sagen wußte, die als seit unvordenklichen Zeiten feststehend galt, vgl. Geiger, Lehr- und Lesebuch zur Sprache der Mischnah, 1845, II S. 82 und bes. Bacher, Term. I S. 42f. Anm. 5.

Unter כִּלְאַיִם sind nur die Mischgattungen des Weinbergs zu verstehn, da nur von ihnen in dem Gebote Dtn 22 9 die Rede ist, vgl. Maimonides, Bertinoro, תי״. Auch dies Gebot des Gesetzes bezieht sich nur auf Palästina, alles andere ist Verordnung der Schriftgelehrten, d. h. eine spätere Anordnung. Solche Anordnungen, die man als unverbrüchlich achtete, auch wenn man mit dem Grunde nicht einverstanden sein zu können glaubte (vgl. Kel XIII 7), deren Bestreitung man sogar in gewissen Fällen härter bestrafte als eine Auflehnung gegen biblische Gebote (Sanh XI 3 vgl. Hor I 3), wurden dennoch bei Zweifeln oder bei einer Kollision leichter behandelt, vgl. z. B. Jeb II 3. 4; III 2 (Geiger a. a. O. S. 82f.).

Textkritischer Anhang.

Für die Herstellung des vorstehenden hebräischen Textes sind benutzt:

1. Der vokalisierte Mischnakodex des † D. Kaufmann, jetzt der Königl. Ungar. Akademie der Wissenschaften in Budapest gehörig. Vgl. dazu S. Krauß, Monatsschrift für Geschichte und Wissenschaft des Judentums 1907 (Bd. 51), S. 54—66. 142—163. 323—333. 445—461. Die Handschrift ist für mich in liebenswürdigster Weise verglichen von Dr. Weiß-Budapest: K.

2. Codex Cambridge University Library Add. 470. 1. nach der Ausgabe von W. H. Lowe, The Mishna on which the Palestinian Talmud rests, Cambridge 1883: L.

3. Codex Hamburg 18. Die drei ersten Ordnungen der Mischna mit der hebräischen Übersetzung des Kommentars des Maimonides, aus dem Jahre 1416. Vgl. M. Steinschneider, Katalog der hebr. Handschriften der Stadtbibliothek zu Hamburg, Hamburg 1878, No. 156: H.

4. Der babylonische Talmud mit Einschluß der vollständigen Mišnah herausgegeben nach der ersten, zensurfreien Bombergschen Ausgabe (Venedig 1520—23) von Lazarus Goldschmidt. I. Berlin 1897: G.

5. Codex Hebr. Bibl. Monacensis 95, angeführt nach dem Facsimile-Lichtdruck von Herm. L. Strack, Zweite Hälfte, Leiden 1912. Die Handschrift stammt aus dem Jahre 1369: M.

6. משניות. Erste Ausgabe, Neapel 1492 fol., mit dem Kommentar des Maimonides in hebr. Übersetzung; nach einer guten Vorlage, aber nicht sehr sorgfältig gearbeitet. Ich benutze sie nach Sch. Ochser, Studien zur Kritik der Mischna, Zeitschrift für Assyriologie 1910, S. 266—285; 1911, S. 9—38: N.

7. Die Lesarten der Tosephta, soweit sie Paralleltexte bietet: Tos.

Von diesen Hilfsmitteln gehören K und L nahe zusammen; das ist von Krauß a. a. O. S. 449 ff. scharfsinnig und einwandfrei nachgewiesen. Ob sie aber wirklich die palästinische Rezension der Mischna bieten, ist zum mindesten zweifelhaft. Tosephta, soweit die Parallelstellen einen Schluß gestatten, steht ihnen nahe.

Ebenso gehören näher zusammen HGM, sie sind Zeugen für die babylonische Rezension der Mischna. N berührt sich vielfach mit der letztgenannten Gruppe, geht aber auch seine eigenen Wege.

Da die genannten Hilfsmittel, wie der textkritische Anhang lehrt, aus Vorlagen sehr verschiedenen Ursprungs stammen, ist die Übereinstimmung der meisten Zeugen fast durchweg ausschlaggebend für die Textgestaltung gewesen, doch mußten auch in vielen Fällen Grammatik, Sprachgebrauch, Parallelismus des Ausdrucks einem einzigen oder wenigen Zeugen den Vorrang geben. Somit sind die Lesarten, wie auch nur ein Blick in die von mir bis jetzt bearbeiteten Traktate zeigt, in jedem einzelnen Falle gewogen, nicht ist einfach in den Text gesetzt, was die größte Mehrzahl unserer Zeugen bietet (gegen Fiebigs Bemerkung Rosch ha-schana, S. 111). Die so gewonnene Textgestaltung, die besonders von Duensing in seinen dankenswerten Anzeigen GGA 1913, Nr. 12 S. 725ff.; 1915, Nr. 7 und 8 S. 486ff. beanstandet ist, ist allerdings nicht endgültig, sondern nur eine Vorarbeit; bei Heranziehung aller wichtigen Handschriften auch des Auslandes wird sich manche Form, manche Wortstellung ändern, manches Grammatische neu gewonnen werden; eins aber ist sicher, daß genau wie beim Texte des A. T. durch die hebräischen Handschriften das Gesamtbild der Mischna nicht verändert werden, kein nennenswertes sachliches neues Ergebnis sich herausstellen wird. Jedenfalls steht der in diesen Ausgaben gebotene Text turmhoch über allen früheren, besonders auch in bezug auf die Punktation. Bezüglich rein orthographischer Dinge (vor allem der Endungen auf ם oder ן, אָ oder הָ, ֵי oder ֵה usw.) herrscht in den Handschriften vollkommene Willkür. Hier durch Zählung der Zeugen das Ursprünglich ermitteln zu wollen, wäre ein naives Unterfangen. Ich habe es daher mit Bauer, Pea S. 65 vorgezogen, der Einheitlichkeit halber den Kodex K zugrunde zu legen. Damit ist nicht gesagt, daß in diesen Dingen dem Kodex K unbedingt der Vorzug gegeben werden müßte; da auch diese Unterschiede im folgenden genau gebucht sind, ist vielmehr der weiteren Untersuchung volle Gelegenheit und Freiheit gegeben.

〉 bedeutet: fehlt in.

+ bedeutet: Zusatz in.

Kap. I: I 1. לַסְּיָג: KN לסייג ‖ יוֹסֵה mit K, alle andern Zeugen יוסי ‖ אָמַר 〉 M ‖ וְהַחִיצוֹן: K והחיצונין ‖ לַסְּיָג: KLN לסייג. I 2a. עֵת: M עץ ‖ לָאָרֶץ: H למצרים, a. R. verbessert ‖ וּמְצָאוֹ: LN מצאו ‖ כִּבְשׁוּ: L כיבישו. I 2b. הַנֹּטֵעַ: M stets הנטוע ‖ רַבִּי: Tos ורבי ‖ וְהַנָּכְרִי: K ונכרי. I 3a. וְהַסֶּלַע: H zweimal וסלע ‖ לִחְיוֹת: L להיות ‖ לַאו: H לא. I 3b. אוֹ שֶׁזִּעְזְעָתוֹ: G או שזעזתו, HM 〉 או ש ‖ הַמַּחֲרֵשָׁה, alle Zeugen haben den Vokalbuchstaben י, nur L המחרשה || שֶׁזִּעְזְעוּ: K שזיעזתו || כֶּעָפָר: LM בעפר || לְחַיּוֹת: L ליחיות. I 4b. וְכַמָּה: ו ⟩ L || יְהֵא: L יהיה || בַּשֹּׁרֶשׁ: G השורש || רַבָּן: KGM ר׳ || אֶלְעָזָר: L לעזר || יְהוּדָה: H עזריה || אִישׁ בַּרְתּוֹתָא: L איש ברתותה, H איש בירתותא, M בן ברתותא || מַתּוֹן: Alle Zeugen מיתון; Krauß, Arch. I S. 567 Anm. 305 will die Variante Hais מיתות vorziehen, doch scheint das nur eine erleichternde Lesart. I 5a. וְהוּא: M והיא || חָזַר הַזָּקֵן, denn אִילָן ist stets m: KHGMN חזרה הזקנה ist durch Dittographie entstanden, die dann die weibliche Endung bei הזקן nach sich zog, L חזרה זקינה dürfte noch darauf hinweisen. I 5b. גְּפָנִים: HGN הגפנים || סִפּוּק: GN וסיפוק || עַל: LGN על גבי || שֶׁהִבְרִיכָהּ: HGN שהבריכן || מְקוֹם an zweiter Stelle: GN ומקום, ⟩ K. I 5c. GN fügen am Anfange וכן hinzu. I 6a. בַּנְּטִיעוֹת ⟩ M. I 6b. לָקַט: M ליקט || יַעֲלֶה: L יעלו || בְּאֶחָד: KL באחת || Von וּבִלְבַד an fehlt der ganze Rest von 6 in M || יִתְכַּוֵּן (יתכוון): N יתכוין. I 6c. יִתְכַּוֵּן (יתכוון): N יתכוין || לִלְקֹט: LH וילקוט, וְ לִלְקֹט ⟩ K || וְיַעֲלֶה: LN ויעלו || בְּאֶחָד: L באחת. I 7a. הֶעָלִים: M העלין || וְהַלּוּלָבִין: HG והלולבים || הַגְּפָנִים: KLGMN גפנים || וְהַסְּמָדַר: KGN סמדר || מֻתָּרִין: HG מותרים, N מותרת || וּבְרְבָעִי: K ברבעי || וַאֲסוּרִין: HGMN ואסורים, L ואסורי. I 7b. יוֹסֵה, so K, alle andern Zeugen יוסי || הַסְּמָדַר: N וסמדר || אָסוּר, in M nachgetragen || אֱלִיעֶזֶר: L ליעזר || בִּשְׂרַף: KLH בסרף || הָעָרְלָה אָסוּר אָמַר ר׳ יְהוֹשֻׁעַ שָׁמַעְתִּי בְּפֵרוּשׁ שֶׁהַמַּעֲמִיד בִּשְׂרַף ⟩ M || בִּשְׂרַף: LH בסרף || הֶעָלִים: M העלין || בִּשְׂרַף: H בסרף, L ובשרף || הָעִקָּרִים: M העיקרין || בִּשְׂרַף הַפַּגִּים: L בסרף פנים, H בסרף הגפנים, M בשרף הפגין || שֶׁהֵן: LM שהוא, HGN שהם. I 8. עֲנְקוּקְלוֹת: M פנקוקלות || וְהַחַרְצַנִּים: M והחרצנין || וְהַזַּגִּים: KLN והזוגים, M והזגין || שֶׁלָּהֶם: HM שלהן || רִמּוֹן: KM רימונים || שֶׁלּוֹ: M שלה || וְהַגַּלְעִינִים: KL והגלענים, HM והגלעינין, G והגרעונים, N והגרעינים || אֲסוּרִים: HM אסורין || מֻתָּרִין: L מותרים || בְּרְבָעִי: L ברביעי || כֻּלָּם: HM כולן. I 9. יוֹסֵה: LHGMN יוסי || נֹטְעִים K beide Male: HGMN נוטעין, L zuerst נוטעים, dann נוטעין || אֱגוֹז: Tos יחור אגוז || פְּרִי: L פירי || בִּכְפוּנִיּוֹת: G בכפניות, H בספניות, Tos כפניות.

Kap. II: II 1a. וּתְרוּמַת מַעֲשֵׂר ⟩ K, H תרומה ותרומת מעשר שלדמאי || דְּמַאי: KLN דמיי, HGM דמאי || עָלִים: M עולין || בְּאֶחָד: L באחת || עָלִים: M עולין || בְּאֶחָד: L באחת || וְאֵינוֹ: KGN ואין. II 1b. אֵינָן: M אינם || מִצְטָרְפִין: N מצטרפים || לֶאֱסוֹר: LM לאוסר. II 2. שְׁלֹשֶׁת: GMN שלשה || קַבִּים: HGMN קבין || שְׁלֹשֶׁת: GN שלשה || קַבִּים: HGM קבין || שֶׁל ⟩ GN. II 3. וְהַכִּלְאַיִם: K + מעלין || וְהָעָרְלָה: L הערלה || שֶׁהָעָרְלָה: H שערלה. II 4a. הַמְחַמֵּץ: H המקמץ || אָסוּר: KLM אוסר. II 4b. בֵּית: N ובית || וּבֵית: L בית || שֶׁיְּהֵא: L שיהיה || בּוֹ ⟩ H || כְּבֵיצָה: N בכביצה. II 5. דּוֹסְתַּי: GM דוסתאי || יְתְמָה: M יתמא, L יתמי || וְאָמַר: L אמר || שָׁאַלְתִּי אֶת־שַׁמַּי הַזָּקֵן וְאָמַר: G שמעתי משמאי הזקן שאמר, N שמעתי משלאי הזקן שאמר || שֶׁיְּהֵא: L שיהיה. II 6a. וְהַמְדַמֵּעַ: L plene והמדמיע || לְהַחְמִיר: H לחבירו, a. R. verbessert || לְהָקֵל וּלְהַחְמִיר: K להחמיר ולהקל || מִינוֹ: M + להחמיר מין במינו. II 6b. כֵּיצַד ⟩ H || שְׂאֹר: L סאור || חִטִּים: M חטין || לְתוֹךְ עִסַּת חִטִּים: N תוך עיסת חטים, M לתוכו עיסת חטין, G לתוך עיסה של חטים || בּוֹ: L das erstemal לו || לַעֲלוֹת

בְּאֶחָד וּמֵאָה: K להעלות באחד ומאה, N לעלות במאה ואחד, H כדי לחמץ ‖ וּבֵין: L בין ‖ לַעֲלוֹת בְּאֶחָד וּמֵאָה: N לעלות במאה ואחד, H כדי לחמץ ‖ בְּאֶחָד וּמֵאָה: N במאה ואחד ‖ וּבֵין: KHG בין. II 7. גְּרִיסִין: MN גריסים, L גרישים, G כגון גריסין ‖ שֶׁנִּתְבַּשְּׁלוּ: H שתבשלו ‖ בָּהֶן, so KL sechsmal: GN בהם; HM בהם, nur an zweiter Stelle בהן ‖ וּבֵין an erster Stelle: L בין ‖ Der ganze Rest dieser Mischna von אָסוּר einschließlich bis מֻתָּר ausschließlich fehlt in LM. II 8. שְׂאֹר: K stets סאור ‖ עִסָּה: K עיסת חולין. II 9. שְׂאֹר: K stets סאור ‖ וְיֵשׁ: K אם יש. II 10a. תַּבְלִים: alle außer K תבלין ‖ וּשְׁלֹשָׁה: L שלשה ‖ מִשְּׁלֹשָׁה: LHG ממין שלשה, M richtig erklärend משלשה מינין. II 10b. שְׁנֵי: HGN שנים ושלשה (an erster Stelle) ‖ מִינִין: H מינים ‖ אֵינָן: K אין. II 11a. KL beginnen die Mischna mit כיצד ‖ לְתוֹךְ: HGN בתוך ‖ לְחַמֵּץ: M stets להחמיץ ‖ נִצְטָרְפוּ: LM ונצטרפו ‖ אֱלִיעֶזֶר: L ליעזר ‖ הָאַחֲרוֹן: M אחרון. II 11b. אִסּוּר: GN שאור ‖ בַּתְּחִלָּה: L בין כתחלה ‖ בֵּין בַּסּוֹף: M בין שנפל איסור בסוף ‖ שֶׁיְּהֵא: L שיהיה. II 12. שַׁמַּי: L שמיי, HMGN שמאי ‖ שָׁאַלְתִּי: LH שמעתי ‖ גַּמְלִיאֵל הַזָּקֵן: L שמעון בן גמליאל הזקן ‖ עֹמֵד: LN והוא עומד ‖ שֶׁיְּהֵא: L שיהיה. II 13. וְחָזַר וְסָכַן: M zweimal ואחר כך ‖ אוֹ שֶׁסָּכַן ‖ בְּשֶׁמֶן טָהוֹר ⟨ L ‖ אַחַר הָרִאשׁוֹן אֲנִי בָא וַחֲכָמִים אוֹמְרִים ⟨ M. II 14a. שְׂאֹר: KL סאור ‖ וְנִצְטָרְפוּ: L נצטרפו. II 15a. תַּבְלִים: alle außer K תבלין ‖ לְתוֹךְ קְדֵרָה: HGN בקדירה, M לקדירה ‖ בָּאֵלּוּ: K zweimal בזה ‖ וְנִצְטָרְפוּ: LM נצטרפו. II 15b. לַזָּרִים וְלַכֹּהֲנִים: N לכהנים ולזרים. II 16a. וְשֶׁל־פִּגּוּל: HGN של פיגול. II 17. קָדְשֵׁי קֳדָשִׁים: M קדשי הקדשים ‖ לַטְּהוֹרִים: M לכהנים.

Kap. III: III 1b. יַעֲלֶה: LM יעלו. III 2a. הוּא: M היא ‖ הַבֶּגֶד ⟨ L. III 2b. יַעֲלֶה: L יעלו. III 3a. וּמִשְּׁעַר הַנָּזִיר וּמִפֶּטֶר: LM משער נזיר ומפטר, HN ומשער הנזיר מפטר. III 4. בִּקְלִיפֵּי: L בקלפי. III 5. שֶׁהִסִּיקוּהוּ: LHM שהסיקו, Tos שהיסיקו ‖ בִּקְלִיפֵּי: L בקלפי ‖ בַּאֲחֵרוֹת: L באחרוי. III 7a. אֶת ⟨ M ‖ לִמְנוֹת: K להימנות. III 7b. דְּבָרִים: GMN + בלבד ‖ עֲקִיבָא: L עקיבה ‖ הֵן: GN הם ‖ וְרִמּוֹנֵי: ו ⟨ LHGN ‖ בְּדָן: M באדן, L ברן ‖ וְחָלְפוֹת: L וחליפות, M וחלפי, über die Schreibung וחולפות der übrigen Zeugen vgl. Gr. § 84c ‖ תְּרָדִים mit K; L התרדין, alle andern Zeugen תרדין ‖ אֶכְרוֹב: KN כרוב ‖ עֲקִיבָה: HGMN עקיבא ‖ לְכִלְאֵי: LH ולכלאי, M הראוי לכלאי. III 8. HGN beginnen die Mischna mit כיצד ‖ הַדְּלוּעִים: M הדילועין ‖ נִתְחַתְּכוּ הַדְּלוּעִים ⟨ in H ‖ נִתְפָּרְסוּ: L נתפרשו, M נתפתחו. III 9a. הָעָרְלָה: MG ערלה ‖ וּבְסוּרְיָה: KL ובסורייה, HMG ובסורייא, N ובסוריא. III 9b. שֶׁהוּא ⟨ KGN ‖ וּבְסוּרְיָה: K ובסורייה, L ובסוריה, HMG ובסורייא, N ובסוריא. III 9c. וְהָעָרְלָה: M הערלה.

Verzeichnis der Abkürzungen und Umschriften.

1. Traktate der Mischna.

Mischna = M

1. Seder.

Ber = Berakot
Pea = Pea
Dam = Dammai
Kil = Kilajim
Schebi = Schebiit
Ter = Terumot
Maas I = Maaserot
Maas II = Maaser scheni
Chal = Challa
Orl = Orla
Bik = Bikkurim

2. Seder.

Schab = Schabbat
Erub = Erubin
Pes = Pesachim
Scheq = Scheqalim
Jom = Joma
Suk = Sukka
Beß = Beßa
R hasch = Rosch haschana
Taan = Taanit
Meg = Megilla
M qaṭ = Moëd qaṭan
Chag = Chagiga

3. Seder.

Jeb = Jebamot
Ket = Ketubot
Ned = Nedarim
Naz = Nazir
Giṭ = Giṭṭin
Soṭ = Soṭa
Qid = Qidduschin

4. Seder.

B qam = Baba qamma
B meß = Baba meßia
B bat = Baba batra
Sanh = Sanhedrin
Makk = Makkot
Schebu = Schebuot
Edu = Edujot
Ab zara = Aboda zara
Ab = Abot
Hor = Horajot

5. Seder.

Zeb = Zebachim
Men = Menachot
Chul = Chullin
Bek = Bekorot
Ar = Arakin
Tem = Temura
Ker = Keritot
Meïl = Meïla
Tam = Tamid
Midd = Middot
Qin = Qinnim

6. Seder.

Kel = Kelim
Ohal = Ohalot
Neg = Negaïm
Par = Para
Ṭeh = Ṭeharot
Miq = Miqwaot
Nid = Nidda
Maksch = Makschirin
Zab = Zabim
Teb j = Tebul jom
Jad = Jadajim
Uqß = Uqßin

2. Bibel mit Apokryphen und Pseudepigraphen.

Gen = Genesis
Ex = Exodus
Lev = Leviticus
Num = Numeri
Dtn = Deuteronomium
Jos = Josua
Ri = Richter
Sam = Samuelis
Kön = Könige
Chron = Chronik
Es = Esra
Neh = Nehemia
Jes = Jesaja
Jer = Jeremia
Ez = Ezechiel
Dan = Daniel
Hos = Hosea
Jo = Joel
Am = Amos
Ob = Obadja
Jon = Jona
Mi = Micha
Nah = Nahum
Hab = Habakuk
Zeph = Zephanja
Hag = Haggai
Sach = Sacharja
Mal = Maleachi
Ps = Psalm
Prov = Proverbien
Hi = Hiob
HL = Hohes Lied
Ru = Ruth
Klagl = Klagelieder
Qoh = Qohelet
Est = Esther
Jud = Judith
W Sal = Weisheit Salomos
Tob = Tobit
Sir = Sirach
Bar = Baruch
Mak = Makkabäer
St Est = Stücke in Esther
Sus = Susanna
Bl = Bel zu Babel
Dr = Drachen zu Babel
Ges = Gesang der drei Männer im Feuerofen
As = Gebet Asarjas
Man = Gebet Manasses
Jub = Jubiläen
Ps Sal = Psalmen Salomos
Sib = Sibyllinen
Hen = Henoch
H Mos = Himmelfahrt Mosis
IV Es = IV Esra
Ap Bar = Apokalypse Baruch
XII Patr = Testamente der 12 Patriarchen
Od = Oden Salomos

Mat	=	Matthäus
Marc	=	Marcus
Luc	=	Lucas
Joh	=	Johannes
Apg	=	Apostelgeschichte
Röm	=	Römer
Kor	=	Korinthier
Gal	=	Galater
Phil	=	Philipper
Eph	=	Ephesier
Kol	=	Kolosser
Thes	=	Thessalonicher
Tim	=	Timotheus
Tit	=	Titus
Hebr	=	Hebräer
Phm	=	Philemon
Jak	=	Jakobus
Petr	=	Petrus
Ju	=	Judas
Apc	=	Apokalypse
Hebr Ev	=	Hebräerevangelium
Prot Jak	=	Protevangelium des Jakobus
Thom	=	Evangelium des Thomas
Barn	=	Barnabas
Did	=	Didache
Herm	=	Hermas

3. Anderes.

AT	=	Altes Testament
NT	=	Neues Testament
MT	=	Massoretischer Text
Kt	=	Ketib
Qr	=	Qerē
J	=	Jahwist
E	=	Elohist
D	=	Deuteronomiker
P	=	Priesterkodex
Talm	=	Talmud
Talm j	=	„ (jerusalemisch)
Talm b	=	„ (babylonisch)
Gem	=	Gemara
Tos	=	Tosephta
Me	=	Mekilta
Spha	=	Siphra
Sphe	=	Siphre
Pesi	=	Pesiqta
T Onq	=	Targum Onqelos
T Jon	=	Targum Jonatan
T jer	=	Targum jeruschalmi
Meg Taan	=	Megillat Taanit
Sed ol	=	Seder olam
Jos ant	=	Josephus, antiquitates
Jos bell j	=	„ bellum Judaicum
Jos Ap	=	„ contra Apionem
LXX	=	Septuaginta
$G^{\aleph}$	=	„ Sinaiticus
G^{A}	=	„ Alexandrinus
G^{B}	=	„ Vaticanus
S	=	„ Peschitto

4. Umschrift des hebräischen Alphabets.

א = — ב = b ג = g ד = d ה = h ו = w (Kons.), u (Vokal)
ז = z ח = ch ט = ṭ י = j (Kons.), i (Vokal) כ = k
ל = l מ = m נ = n ס = s ע = ʿ פ = p, nach Vokalen ph
צ = ß ק = q ר = r שׁ = sch oder š שׂ = ſ ת = t.

II. Seder: Moëd, 5. Traktat: **Joma** (Versöhnungstag), bearb. von Prof. D. Johannes Meinhold-Bonn. (IV u. 83 S.) M. 4.30, in der Subskr. M. 3.80

II. Seder: Moëd, 8. Traktat: **Rosch ha-schana** (Neujahr), bearb. von Oberlehrer Lic. Paul Fiebig-Gotha. (VII u. 127 S.) M. 6.75, in der Subskr. M. 5.90

IV. Seder: Neziqin, 1. Traktat: **Baba qamma** („Erste Pforte" des Civilrechts), bearb. von Pastor Walter Windfuhr-Hamburg. (VIII u. 96 Seiten.) M. 4.80
In der Subskription M. 4.20

IV. Seder: Neziqin, 10. Traktat: **Horajot** (Entscheidungen), bearbeitet von Pastor Walter Windfuhr-Hamburg. (V u. 35 S.) M. 2.15, in der Subskr. M. 1.90

V. Seder: Qodaschim, 10. Traktat: **Middot** (Von den Maßen des Tempels), bearbeitet von Prof. D. Oscar Holtzmann-Gießen. (VIII u. 112 S.) M. 6.—
In der Subskription M. 5.25

Als weitere Traktate werden zunächst erscheinen:

II,1. **Schabbat** (Sabbat), von Professor D. Dr. Wilhelm Nowack-Straßburg.
II,4. **Scheqalim** (Von den Sekeln), von Pfarrer Lic. Dr. O. Kramer-Gerichshain.
II,9. **Taanit** (Vom Fasten), von Gymn.-Oberlehrer Lic. Paul Fiebig-Gotha.
IV,2. **Baba meßia** („Mittlere Pforte"), von Pastor W. Windfuhr-Hamburg.
IV,8. **Aboda zara** (Götzendienst), von Prof. D. Dr. Georg Beer-Heidelberg.
V,2. **Menachot** (Von den Abend- u. Speiseopfern), von Pfr. Lic. Dr. Frankenberg.
V,9. **Tamid** (Vom täglichen Opfer), von Prof. D. Oscar Holtzmann-Gießen.

Aus Rezensionen.

Albrecht, Challa, 1913. Mit dieser Lieferung ist das Werk „auf die volle wissenschaftliche Höhe gekommen. Mit der Sprache der Mischna auf das denkbar beste vertraut, bemüht Albrecht sich, von dieser Basis aus die Erklärung in Angriff zu nehmen, und durchflicht seinen Kommentar mit grammatischen Bemerkungen und Verweisen auf seine neuhebräische Grammatik. Dadurch wird dieses Heft besonders zur ersten Einführung wie überhaupt zum Selbststudium geeignet und kann insbesondere Studenten warm empfohlen werden". H. Duensing, *Götting. Gel. Anz. 1913, 733.*

Windfuhr, Baba qamma, 1913. „Die Erklärung des zivilrechtliche Materien behandelnden Traktates Baba qamma war insofern eine schwierigere Aufgabe, als sie eine weitgehende juristische Auffassungsgabe erforderte. Windfuhr hat diese Aufgabe glänzend gelöst. Er hat sich auch in der jüdischen Literatur gut umgesehen, so daß ihm, soweit ich sehe, Wesentliches nicht entgangen ist." H. Duensing, *Götting. Gel. Anz. 1913, 734.*

Beer, Pesachim, 1912. „Glänzend, ja vielfach plastisch gearbeitet ist die der Geschichte des Passahfestes gewidmete, über die Hälfte des Bandes umfassende Einleitung . . . eine sehr interessante gelehrte Arbeit, ebenso wie die kräftige Betonung des Unterschiedes zwischen dem universal-humanitären Charakter des christlichen Abendmahls und der national-jüdischen Eigenart des Passah richtig und am Platze ist." S. 92—109.
E. Bischoff, *Theol. Literaturzeitung 1914, Sp. 200.*

Es bedarf wohl keiner weiteren Worte, daß die Zugänglichmachung der Mischna für weitere Kreise **ein sehr verdienstvolles Werk** ist. Man wird auch billigerweise nicht verlangen, daß ein solches Werk absolut vollkommen sei, ... **und doch bleibt das Ganze ein sehr brauchbares Hilfsmittel.** Mit Spannung darf man den weiteren Lieferungen des verdienstvollen Unternehmens entgegensehen. *Theologische Quartalschrift 1913, Heft 1.*

Dieses Mischnawerk ist **für Neu- und Alttestamentler, Juristen** (Rechtsgeschichte), **Folkloristen, klassische Philologen** (das Griechisch und Lateinisch der Mischna) **unentbehrlich.** Es sollte auch von allen denen studiert werden, die das Judentum besser als bisher kennen und würdigen lernen wollen. *Literarisches Zentralblatt 1912, Nr. 39.*

C. G. Röder G. m. b. H., Leipzig. 828716.

Kolibri 360 GmbH
Ferdinand-Jühlke-Straße 7
99095 Erfurt, Deutschland
produktsicherheit@kolibri360.de